Paul Harris: Simultanes Lernen

Der virtuose Lehrer

Ein inspirativer Leitfaden für Instrumental- und Gesangslehrer

Paul Harris

Eine Gemeinschaftspublikation von

FABER MUSIC   EDITION PETERS

Allen virtuosen Lehrern und denen, die es werden wollen, sowie all meinen Studenten an der Royal Academy of Music gewidmet.

Englische Originalausgabe:
Paul Harris: The Virtuoso Teacher

Übertragung ins Deutsche von Dirk Meine

Published by Faber Music Ltd and Peters Edition Ltd, London

ISBN 978-1-84367-050-6

Umschlaggestaltung: Goscha Nowak
Satz: Susan Clarke
Cover-Foto: Thinkstock
Printed in England by Caligraving Ltd

www.editionpeters.com vertrieb@editionpeters.com
www.fabermusic.com sales@fabermusic.com

Inhalt

Danksagung

Von allen Eigenschaften, die virtuose Lehrer besitzen, ist der Drang, ihren Enthusiasmus und ihr Können vorbehaltlos zu teilen, sicherlich die herausragendste. Ich hatte das Glück, während meiner Musik-Ausbildung von mehr als einem virtuosen Lehrer unterrichtet worden zu sein, und ich habe noch dazu das Privileg, ziemlich viele solcher Lehrer zu kennen. Ohne ihre Hilfe und Unterstützung hätte ich dieses Buch nicht schreiben können. Einige, die viele Stunden mit mir diskutiert und selbstlos meinen Text zu diesem Buch kommentiert haben, möchte ich besonders erwähnen – sie alle sind wahre Lehrer-Virtuosen: Mein eigener Lehrer und Mentor, Professor John Davies, Sally Adams, Dr. Timothy Bowers, Rupert Burchett, Jean Cockburn, Richard Crozier, Simon Dearsley, Simon Grew, David Hargreaves, Graeme Humphrey, Diana Jackson, Tim Jones, Helen Leek, Brian Ley, Adam Ockelford, Ann Priestley, Melanie Ragge und Robert Tucker. Andere Freunde und Schüler haben bei der Recherche geholfen – auch ihnen gilt mein herzlichster Dank, insbesondere den Schülern der Beachborough School, The Royal Latin School, und dem Worcestershire Music Service. Und, wie immer, dem hervorragenden Team bei Faber Music: Richard King, Kathryn Knight, Leigh Rumsey und, vor allem, Lesley Rutherford, einer wirklichen Virtuosin unter den Herausgebern – allen ein riesiges Dankeschön.

Anmerkung des Übersetzers:

Im Englischen sind die Begriffe *teacher* und *pupil* geschlechtsneutral und entsprechen dem Lehrer/dem Schüler ebenso wie der Lehrerin/der Schülerin. Bei einer Übertragung ins Deutsche müsste man korrekterweise jeweils beide Geschlechter angeben, was jedoch den Lesefluss erheblich beeinträchtigen würde. Daher haben wir uns aus praktischen Gründen dafür entschieden, nur die männliche Form stellvertretend für beide Geschlechter zu verwenden. Selbstverständlich gelten Paul Harris' Beobachtungen und Empfehlungen gleichermaßen für Lehrerinnen und Lehrer, Schülerinnen und Schüler.

Vorwort

Um einen Virtuosen zu erzeugen, braucht es nach gängiger Vorstellung einen Lehrer, der den Fähigkeiten eines talentierten Schülers jenen Feinschliff verleiht, den er für eine brillante Karriere benötigt. Paul Harris erweitert diesen Gedanken in kühner Weise mit dem bahnbrechenden Unterfangen, den Weg zu einem „virtuosen" Unterrichten zu beschreiben. Tatsächlich zeigt sich, dass die Kriterien für Virtuosität für den Pädagogen weitgehend dieselben sind wie für das „Wunderkind", nämlich exzellente Kommunikation, technisches Gespür und gestalterische Kraft.

Paul Harris' unermüdliche Mission, die Qualität von Lehrern und des Lehrens zu steigern, findet hier ihren bislang vollständigsten und energiegeladensten Ausdruck. Er baut auf die Kern-Werte Klarheit und Vertrauen, unterstützt durch eine unbändige Phantasie (und beschrieben mit einem Enthusiasmus, in dem man schon fast ein Erstaunen darüber spürt, dass nicht *jeder* das Unterrichten als den spannendsten Beruf überhaupt ansieht). Paul Harris glaubt, dass praktische, intuitive und durchdachte Prozesse zusammengenommen die Kunst des Lehrens zu einer neuen Blüte höchster Virtuosität führen können.

Faszinierenderweise vermeidet Paul Harris' Vorstellung von „Virtuosität" jeden Anklang von Angeberei, der oft mit dem Wort assoziiert wird. Das ist ein bewusster Trick, der es dem Leser ermöglicht, für sich selbst herauszufinden, was es braucht, um ein umsichtiger, effektiver und vielfältiger Lehrer zu werden. Zwar verläuft ein deutlicher philosophischer roter Faden durch diese Fülle von Unterrichtspraxis, aber immer verbunden mit fachkundigen konstruktiven Hinweisen, die sowohl realisierbare als auch realistische praktische Methoden für jeden Lehrer aufzeigen, der ihnen gegenüber aufgeschlossen ist. Es gibt einige experimentelle Vorschläge, die nicht jedermanns Sache sein mögen, aber Paul Harris tritt nie für eine Universal-Lösung ein, weil er erkennt, dass Lehren immer eine Reise ins Unbekannte ist, die eigene Entdeckungen mit sich bringt.

Trotzdem gibt es nicht-verhandelbare Elemente, fundierte Prinzipien, die jedem guten Unterricht zugrunde liegen – die Schüler zu kennen, immer die Motivation für das Lernen und Lehren in Frage zu stellen, die Kraft des persönlichen Vorbilds und der Nachahmung zu nutzen und zu verstehen, dass beide Seiten gleichermaßen neues Interesse und neue Sichtweisen in das Unterrichten einbringen – beide angetrieben von dem Verlangen, dem Gegenüber immer wieder Hoffnung und Zuversicht einzuflößen.

Paul Harris spiegelt nie vor, dass diese Reise eine leichte wäre. Wo wäre Virtuosität auch je auf einem Silbertablett serviert worden? Aber die Magie dieses Buches besteht in dem Vergnügen, die endlosen Möglichkeiten seiner Techniken und Ansätze zu erkennen, mit Gewinn für beide Seiten, für den Lehrer ebenso wie für den „*Lehr*ling", und mit jener nachhaltigen Wirkung, die inspirierter Unterricht hat.

Dieses Buch ist selbst eine virtuose Leistung.

Professor Jonathan Freeman-Attwood
Principal, Royal Academy of Music

„Das Lernen zu lieben ist der Weisheit sehr ähnlich."

Konfuzius

1 Ein Virtuose sein

George Bernard Shaw war es, der in seinem Stück *Man and Superman* den fatalen Ausspruch prägte *„Those who can, do; those who can't, teach."* („Wer's kann, der tut's; wer's nicht kann, lehrt's."). Der Spruch ist nie in Vergessenheit geraten - Shaw sollte sich schämen! Es ist höchste Zeit, ihn ein für alle Mal hinter uns zu lassen.

Hier ist eine Version für das 21. Jahrhundert: *Wer's kann, der tut's; wer's besser kann als die, die's nur tun, lehrt's.*

Einer verbreiteten Meinung nach ist Unterrichten eigentlich eine zweitrangige Tätigkeit. Das ist es nicht. Das kann es jedoch werden, wenn es mit einer zweitrangigen Einstellung angegangen wird. Aber wenn wir den Job wirklich gut machen wollen, sollte sich diese Meinung bald ändern – Unterrichten ist eine enorm wichtige Tätigkeit, die in der Gesellschaft stets hoch angesehen sein sollte. Unterrichten ist unbestreitbar eine wundervolle, erfüllende, endlos stimulierende und äußerst verantwortungsvolle Aufgabe. Und genau wie wir danach streben können, ein virtuoser Musiker zu werden, können wir auch versuchen, ein virtuoser Lehrer zu sein.

Lehrer-Virtuosen sind nicht Musiker-Virtuosen, die unterrichten – obwohl natürlich ein Musiker-Virtuose anstreben kann, ein Lehrer-Virtuose zu werden! Es sind auch nicht Lehrer, die gelegentlich einen Virtuosen unterrichten.

Virtuose Lehrer unterrichten, wie virtuose Instrumentalisten spielen: äußerst bewusst, mit Leidenschaft und Energie, mit hoher innerer Beteiligung und echtem Engagement. Virtuose Lehrer unterrichten jeden, der lernen will (bei Anfängern angefangen), und zwar so, dass ihre Schüler *wirklich lernen* und wirklich vom Unterricht *profitieren*, und deswegen *nicht vorzeitig aufgeben*. Jeder und jede kann ein virtuoser Lehrer werden, und es zu werden, ist kein langwieriger Prozess. Wir müssen lediglich entschlossen, willens und bereit sein, einige Mußestunden damit zu verbringen, über unsere Arbeit nachzudenken und sie zu reflektieren.

Alle jungen Menschen verdienen einen Unterricht, der Ihnen letztlich das Selbstvertrauen und die Fähigkeit vermittelt, die wundervolle Welt der Musik vollkommen eigenständig und auf jedem möglichen Niveau zu betreten. Genau das ermöglicht ein virtuoser Lehrer.

Im Geiste Paganinis

Paganini war vielleicht der berühmteste aller Virtuosen. Welche Qualitäten mag er gehabt haben, dass die Leute lange Reisen auf sich nahmen (in einer Zeit, zu der Reisen noch ein ziemliches anstrengendes Unterfangen war), und dass sie schon Stunden vor seinem Auftritt im Konzertsaal auf ihn warteten? Wir können seinen Erfolg an drei Eigenschaften festmachen: Hervorragende Kommunikationsfähigkeit, eine außergewöhnlich gute Technik sowie ein Ästhetik und Phantasie, die die Leute faszinierten.

Der virtuose Lehrer trachtet nach genau den gleichen Qualitäten:

- *Kommunikationsfähigkeit* hilft uns, einen echten Kontakt zu unseren Schülern herzustellen und sie anzuspornen, ihre musikalischen Vorstellungen Wirklichkeit werden zu lassen.
- *Techniken* – und zwar Techniken basierend auf unseren Fähigkeiten und Strategien, mit denen wir unseren Schülern helfen, ihr Instrumentalspiel oder Gesang zu entwickeln, und die wir genauso üben können, wie der virtuose Musiker seine Techniken übt. Diese „Techniken" gehen weit über unsere Repertoirekenntnis oder unser Wissen, wie man mit dem Instrument umgeht, hinaus, und um diese Techniken geht es in weiten Teilen dieses Buchs.
- *Ästhetik und Phantasie,* mit denen wir unseren Schülern helfen, ihre eigene Musikalität zu entwickeln.

Es gibt allerdings einen wesentlichen Unterschied zwischen einem virtuosen Musiker und einem virtuosen Lehrer – und zwar die Art der Interaktion zwischen den Beteiligten. Es gibt in der Tat einen Energiefluss von dem Virtuosen zu seinem Publikum, aber wesentlich nachhaltiger, spezieller und revolutionärer ist der *wechselseitige* Energiefluss zwischen virtuosen Lehrern und ihren Schülern. Virtuose Musiker spielen „für" ihr Auditorium, virtuose Lehrer hingegen arbeiten „mit" ihren Schülern. Und dadurch sind sie tatsächlich in der Lage, das Leben der Schüler zu verändern. Virtuose Lehrer bewirken weitreichende und grundlegende Veränderungen – sie können in jedem ihrer Schüler und Schülerinnen das Verlangen erzeugen, ihr eigenes, unbegrenztes musikalisches Potenzial zu entdecken und zu erforschen.

Das Wort *Virtuoso/Virtuose* stammt eigentlich vom lateinischem *virtuosus* ab – was *rechtschaffen, würdig, ehrenhaft* und *aufrichtig* bedeutet. Der Begriff *Virtuoso* geht zurück auf das 16. Jahrhundert (lange vor Paganini und all den anderen Koryphäen, die auf ihn folgten) und bezeichnete Menschen, die außergewöhnliche Fähigkeit, Geschicklichkeit und Präzision bei bestimmten Tätigkeiten zeigten (musikalische oder andere), Menschen, deren Arbeit als höchst erfolgreich angesehen wurde, Menschen, die sehr viel Energie besaßen und Menschen, die sich um andere in ihrer unmittelbaren Umgebung kümmerten und diese stark beeindruckten. Der virtuose Lehrer des 21. Jahrhunderts besitzt all diese Qualitäten.

Es gibt noch weitere Faktoren, die den virtuosen Lehrer charakterisieren. Dazu gehört Risikobereitschaft, die Fähigkeit, allgemeine Konventionen in Frage zu stellen, erhöhte Aufmerksamkeit und ein vertieftes Bewusstsein. Besonders wichtig ist das Bedürfnis, ein besseres Verständnis dafür zu gewinnen, wie Menschen arbeiten – was einerseits bedeutet, sich selbst scharf zu beobachten, andererseits, unsere Schüler wirklich zu kennen und zu verstehen. Dieses Buch betrachtet all diese Faktoren und untersucht letztlich den ganzen faszinierenden Prozess, *wie* Lehrer das tun, was sie tun, wie diese Fähigkeiten erworben werden können und wie sie, bis hin zu einem virtuosen Niveau, geübt werden können.

Der virtuose Lehrer muss auch über eine große Bandbreite an Unterrichts-Strategien verfügen. Oftmals enden Lehrer, die in ihrem Unterricht nur auf die (oftmals schwache) Arbeit ihrer Schüler reagieren, frustriert und gelangweilt. Wir *müssen* andere Ansätze entwickeln.

Das Buch wirft auch einen Blick auf die etwas größeren Zusammenhänge: warum wir unterrichten, warum unsere Schüler lernen wollen und was sie lernen wollen. Und es schlägt eine Art des Unterrichts vor, die persönlicher ist – individuell auf die Bedürfnisse jedes Schülers angepasst, nicht nach einem vorgegebenen „Schema F".

Dies ist auch ein Buch über unsere persönliche Sicherheit. Wenn unsere Schüler zuversichtlich, engagiert und zufrieden sind, ist es weniger wahrscheinlich, dass sie aufgeben, und das heißt, wir können uns stets auf ein sicheres Einkommen verlassen. Wir bringen selbständige, erfolgreiche, und enthusiastische Schüler hervor, die in der Lage sind, sich selbst etwas beizubringen, und wiederum andere, die sich auf demselben Niveau befinden, ermutigen können. Das trägt dazu bei, unseren Ruf zu festigen, stärkt unser Selbstbewusstsein und ermöglicht uns, unser Leben selbst zu bestimmen.

Für dieses Buch habe ich etliche Stunden in höchst anregenden Gesprächen mit Lehrern verbracht, von denen mir viele freundlicherweise gestattet haben, ihrem Unterricht beizuwohnen. Ich hatte ausgedehnte Diskussionen mit Bildungs- und Musik-Psychologen, und ich unterrichte weiterhin regelmäßig selbst. Mit diesem Buch möchte ich die vielen Einsichten, zu denen ich durch diese Begegnungen gekommen bin, weitergeben. Ich hoffe, dass Sie es gerne lesen werden, dass Sie mir zustimmen, und dass es Sie anregen wird, intensiv darüber nachzudenken, was wir genau tun. Wenn Sie gelegentlich das Gefühl haben, dass etwas unerreichbar ist, seien Sie zuversichtlich! Mit der Zeit ist alles möglich. Wenn Sie manches als schwierig empfinden, ist das ebenfalls normal. Das ist alles Teil des Weges. Es hat noch niemand einen Berg bestiegen, ohne sich in irgendeiner Weise anzustrengen.

2 Was wir Lehrer tun

Überraschenderweise ist es gar nicht so einfach, zu beschreiben, was wir tun. Aber für angehende Lehrer-Virtuosen ist es wichtig, darüber ernsthaft nachzudenken.

Zunächst mal, und das klingt vielleicht völlig banal, unterrichten wir *Musik*. Aber was soll das genau heißen? Einige sagen, sie unterrichten „Klavier" oder „Trompete": Die Technik und das Instrument scheinen für sie der Kern der Angelegenheit zu sein. Aber das ist nur ein Teil des Ganzen. Einige unterrichten Stücke oder Lieder. Aber auch das ist nur ein Teil des Ganzen – besonders, wenn ihre Schüler nur die speziellen Stücke spielen können, die der Lehrer ihnen beibringen kann. Musik zu unterrichten bedeutet, ein tieferes Verständnis zu vermitteln: Es geht darum, jedem Schüler und jeder Schülerin beizubringen, auf seine oder ihre eigene, individuelle Weise Musik zu *verstehen*, und sich auf alle ihre Bestandteile wirklich bewusst und verständig einzulassen. Wir tun das, indem wir allen unseren Schülern ermöglichen, zu spielen oder zu singen, und vor allem, ihre Musik unabhängig zu machen und zu genießen. Wie leiten sie, zeigen ihnen, was alles möglich ist und sorgen dafür, dass sie für alles offen sind ...

> ... denn letzten Endes können Menschen nur lernen, wenn sie sich selbst etwas beibringen. Der Lehrer ist nur das Mittel zum Zweck.

Es gibt auch andere (oft genannte) Gründe für das Unterrichten und Lernen von Musik: intellektuelle, soziale, therapeutische, emotionale und heilende positive Wirkungen. Natürlich sind diese von erheblichem Interesse und wichtig, aber wir dürfen nie vergessen, dass wir im Grunde Musik um ihrer selbst willen unterrichten. Und weil Musik etwas Wichtiges ist, etwas, das wir lieben und das unser Leben bereichert, wollen wir es damit nicht verderben und unsere Schüler nicht dagegen aufbringen. Ich fürchte, dass einige Lehrer genau das tun.

Die Teile des Ganzen

"Musik" ist ein allgemeiner Begriff, der sehr viele Formen annehmen kann – aber die meisten haben eine Sache gemeinsam: Sie sprechen unmittelbar die Seele des Menschen an, und sie sprechen in lebendiger Weise von dieser Seele. Und alle verschiedenen Bestandteile er Musik, die wir unterrichten (in welcher Musikrichtung auch immer), sind alle nur Mittel zum selben Zweck – anderen zu ermöglichen, ihre musikalischen Vorstellungen zu verwirklichen und an etwas teilzuhaben, das wir lieben. Das kann bedeuten, eine Bach-Partita exquisit und mit tiefer Kenntnis stilistischer Konventionen zu spielen, eine Rocknummer zu performen oder eine abstrakte Geräuschkulisse zu improvisieren.

Wir dürfen niemals vergessen, wozu wir die verschiedenen Komponenten unterrichten:

- **Technik** (in all ihren Facetten) dient dazu, jede Musik, die wir spielen wollen, aufführen und so effektiv, wie wir wollen, spielen zu können. Und vergessen Sie nicht – es gibt viele verschiedene Wege, sich Technik anzueignen.
- **Notation und Vom-Blatt-Lesen** sind Mittel, die uns helfen, die Musik anderer Leute zu erforschen und unsere eigene aufzuschreiben, wenn wir das möchten.
- **Gehörbildung und Theorie** helfen uns, die Musik, die wir hören und die wir sehen, besser zu verstehen, und sie dadurch ausdrucksvoller spielen zu können.

Wer ist eigentlich musikalisch?

Den Schülern zu helfen, ihre *Musikalität* zu entwickeln, ist von zentraler Bedeutung für das, was wir tun. Weil das so wichtig ist, sollten wir uns klar machen, was Musikalität genau bedeutet.

Doch auf diese Frage gibt es keine vorgefertigten Antworten, und ich habe festgestellt, dass nicht alle Lehrer über diese Bedeutung einer Meinung sind; insbesondere, wenn es darum geht, eine Rangfolge der einzelnen Komponenten nach ihrer Wichtigkeit zu definieren. Das ist bedeutsam, weil die festen Überzeugungen, die wir haben, sicherlich einigen Einfluss (vielleicht sogar großen Einfluss) auf die Richtung und die Substanz unseres Unterrichtens haben. Immerhin gibt es aber genügend Übereinstimmungspunkte, um einen ersten Schritt zu einer allgemeingültigen Definition zu machen:

Ganz fundamental betrachtet, bedeutet Musikalität einfach, Musik zu mögen und sich auf sie einzulassen. Wenn wir das tun, sind wir musikalisch. Musikalität hat außerdem viel mit Empfindsamkeit, Willen und Kommunikation zu tun, und mit einer hohen Bereitschaft, die verschiedenen Komponenten zu verstehen, die die Sprache der Musik ausmachen.

Hier sollten wir jedoch aufpassen, nicht zu voreingenommen zu sein, indem wir Musikalität nur an bestimmten vorgegebenen oder vorgefassten Bedingungen festmachen (wie etwa Noten lesen oder im Zeitmaß spielen zu können). Wir müssen, was Musikalität angeht, immer vorurteilsfrei sein.

Wenn unsere Schüler dabei sind, ihre Instrumente oder ihre Stimmen mit Leben zu füllen, müssen wir stets dafür sorgen, dass sie dabei (mindestens) die grundlegenden Anforderungen an Musikalität erfüllen wollen. Ich habe in Unterrichtsstunden, Prüfungen und Aufführungen gesessen, in denen nur äußerst wenige Anzeichen für Musikalität zu finden waren. Schüler gingen nur Bewegungen durch, wo eigentlich musikalisches hätte passieren müssen – aber kaum etwas geschah. Lassen Sie uns überlegen, wie man so etwas vermeiden kann.

Die drei Säulen des effektiven Unterrichtens

Als virtuose Lehrer müssen wir starke, verlässliche und klare Prinzipien haben, die unsere Arbeit voranbringen. Diese können wir in drei Bereiche aufteilen:

- Einen strukturellen **Rahmen**, der unseren Unterricht unterstützt und antreibt.
- Eine Umgebung, in der sich diese Strukturen entwickeln können.
- Eine Methode, die unseren Unterricht zum Leben erweckt.

Ich glaube, dass jeder gute Unterricht von den *Vier Ps* lebt: *Positur, Puls, Palette* und *Persönlichkeit.* Sie bilden den *Rahmen,* innerhalb dessen wir unseren Unterricht gestalten. Ob wir Anfänger oder Hochschul-Studenten unterrichten, diese Prinzipien bleiben immer gleich:

- **Positur**, die Haltung, bezieht sich auf alles Körperliche, einschließlich der Interaktion mit unserem Instrument, und auf alles, was mit Technik zu tun hat;
- **Puls** befasst sich mit allen rhythmischen Dingen;
- **Palette** (Klang-Vielfalt) betrifft die Art, wie wir den Klang kontrollieren und alles, was zu hören ist;
- **Persönlichkeit** befasst sich ausschließlich mit dem Charakter der Musik. Was immer und wann immer wir spielen oder singen, es muss immer von musikalischen Intentionen durchdrungen sein.

Wenn jede Unterrichtsstunde, von der ersten bis zur letzten, Aktivitäten zu jedem der *Vier Ps* enthält, dann wird diese Stunde zur weiteren Entwicklung des Schülers beigetragen haben. Die Vier Ps benötigen eine Atmosphäre, in der sie funktionieren, und so kommen wir zu den *Fünf Prinzipien für das Umfeld*:

- **Unterrichtsstunden sollten Spaß machen und angenehm sein.** Natürlich wird dabei immer ernsthaft und hart gearbeitet, aber eine Stunde sollte nie erstickend, langweilig oder unangenehm sein.
- **Wir müssen kreativ sein.** Kreativ denken, stets unsere Phantasie benutzen, immer noch fesselndere Methoden zum Lehren und Lernen entwickeln. Und wenn wir kreativ sind, werden auch unsere Schüler den Mut fassen, kreativ zu sein.
- **Üben muss man wollen.** Wir müssen unsere Schüler in die Lage versetzen, ohne uns ihr Spiel allein weiterzuentwickeln, und zwar, *weil sie* es wollen[1].
- **Selbsteinschätzung:** *Was mache ich? Warum mache ich es? Wie mache ich es? Mache ich das gut?* Wir müssen unseren Schüler beibringen, wie sie sich selbst beurteilen können.
- **Die Liebe zum Musikmachen** ... braucht keine Erklärung.

Nun brauchen wir nur eine Methode, alle diese Prinzipien zu verbinden und zum Leben zu erwecken: Ich nenne diese Methode *Simultanes Lernen*[2] und gehe in Kapitel 6 näher darauf ein.

Während wir uns mit dem *Lehren* befassen, werden sich unsere Schüler hoffentlich mit dem *Lernen* beschäftigen. Untersuchen wir jetzt, was das eigentlich heißt – denn wenn wir Lernvorgänge verstehen, werden wir auch viel mehr von unserem Unterricht verstehen.

1 Siehe *Die neue Leichtigkeit des Übens*, Faber Music & Edition Peters
2 Paul Harris' neues Buch zur Philosophie des Simultanen Lernens ist in Vorbereitung.

Was ist lernen?

Es gibt viele Ansätze, Lernen zu beschreiben. Viele tiefschürfende Philosophen und Erziehungswissenschaftler haben ihre eigenen (oft sehr unterschiedlichen) Theorien entwickelt, was Lernen ihrer Meinung nach ist. Wenn Sie mal einen ruhigen Abend haben, geben Sie das Wort mal in eine Suchmaschine ein und lesen Sie diese Theorien nach. Es wird sie sehr nachdenklich machen.

Lernen ist eine Reise. Eine abwechslungsreiche Reise. Mein Lieblings-Modell des Lernprozesses ist das folgende, es geht wahrscheinlich auf den amerikanischen Psychologen Abraham Maslow zurück:

- Zu Beginn befinden wir uns in einem Stadium der *unbewussten Inkompetenz* – das heißt, wir wissen nicht, dass wir nichts wissen. Zum Beispiel gibt es irgendwo punktierte Rhythmen, aber wir haben einfach noch keine Ahnung davon.
- Wir treffen erstmals auf punktierte Rhythmen. Wir wissen jetzt, dass es sie gibt, aber wir können noch nichts damit anfangen. Wir gelangen in das Stadium der *bewussten Inkompetenz*. Das kann eine schwierige Phase sein, wenn das Gebiet, das es zu lernen gilt, uns besonders komplex erscheint. Es ist eine wichtige Aufgabe des Lehrers, das neue Konzept zur richtigen Zeit und auf die richtige Art einzuführen.
- Wenn alles gut geht, nach deutlichen Erklärungen und mit einer gewissen Übung und Erfahrung mit punktierten Rhythmen, bewegen wir uns allmählich hin zum Stadium der *bewussten Kompetenz* – Wir können die Rhythmen umsetzen, aber das verlangt uns noch einiges an Konzentration und Nachdenken ab.
- Mit noch mehr Zeit, Übung und genereller Gewöhnung gelangen wir zur *unbewussten Kompetenz* – wir können punktierte Rhythmen instinktiv, ohne darüber nachzudenken, spielen. Wir wissen, „wie sie gehen". Sie sind vollständig gelernt worden.
- Für viele geht die Skala bis dahin (und auch das Maslow'sche Modell endet dort). Aber als Lehrer, besonders als virtuose Lehrer, müssen wir noch einen Schritt weiter gehen. Nämlich zum Stadium der *reflektierten Kompetenz*, in dem wir punktierte Rhythmen nicht nur gelernt haben, sondern auch genau darüber nachgedacht haben, *wie wir sie gelernt haben, wie sie mit anderen Aspekten des musikalischen Lernens in Beziehung stehen und verbunden sind, und auf welche verschiedenen Arten wir sie unterrichten können.* Aber dieses Stadium benötigt eine regelmäßige Auffrischung – wenn wir punktierte Rhythmen unterrichtet haben (auch vielleicht schon viele Male), müssen wir uns jedesmal wieder fragen: *Wie hat das geklappt? Hat mein Schüler das verstanden? Verstehen einige Schüler das nicht? Warum? Kann ich meine Art, es zu erklären, noch weiter verfeinern?*

Abgesehen davon, dass dieses Modell den Lernprozess sehr anschaulich beschreibt, hat es noch eine weitere, nützliche und praktische Funktion. Effektives Lernen ist sequenziell und kumulativ, und deswegen ständig im Fluss. Ein Stadium führt ganz natürlich zum nächsten. Wenn also ein Schüler etwas nicht kann, liegt das oft daran, dass er einen bestimmten Aspekt in der sequenziellen Kette des Verständnisses entweder missverstanden oder, was wahrscheinlicher ist, komplett versäumt hat. Als virtuose Lehrer müssen wir das fehlende Kettenglied identifizieren und einfügen. Es einzufügen, kann viel Sorgfalt und Sensibilität erfordern. Weil es vermutlich etwas ist, was der Schüler schon viel früher hätte lernen sollen (und was wir normalerweise viel früher unterrichtet hätten), könnten wir denken, dass es ganz schnell eingebaut werden kann. Diese reparierten Kettenglieder müssen aber ebenso jedes Stadium des Maslow'schen Lernprozesses durchlaufen, und zwar mit besonderer Sorgfalt.

Stellen Sie sich vor, wir übernehmen einen fortgeschrittenen Schüler und stellen fest, dass er wirklich keine punktierten Rhythmen lesen kann (oder irgendeine andere Schwäche auf technischem oder musikalischem Gebiet hat). Wir müssen mit ihm ganz von vorn beginnen, als ob punktierte Rhythmen ein völlig neues Element in seiner Entwicklung wären. Dabei gibt es ein erhebliches Stresspotenzial, besonders, wenn dabei sehr viel gelernt werden muss. Wir dürfen dabei keine Anzeichen von Ungeduld zeigen, keine Schuldgefühle hervorrufen und keine Tadel aussprechen. Der Schüler ist vielleicht sehr frustriert, dass er keine punktierten Rhythmen kennt oder versteht, deswegen müssen wir an den Unterricht mit noch mehr Feingefühl herangehen als sonst, und uns vorsichtig, Schritt für Schritt weiterbewegen. Das kann eine Weile dauern, und es darf währenddessen keine Frustration oder Irritation entstehen. Ich habe manchmal Lehrer erlebt, die mit Ärger auf Schüler reagiert haben, die etwas nicht wussten. Das ist nicht gerade hilfreich!

Die vollständige Liste

Bislang haben wir das Unterrichten (und Lernen) betrachtet, aber das ist bei weitem nicht alles, was wir tun. Ich möchte die Liste noch mit einigen weiteren Tätigkeiten vervollständigen, die dazu beitragen, dass unsere Schüler am Ende jene abgerundete, erfüllende musikalische Ausbildung erreichen, die wir ihnen als virtuose Lehrer mitgeben möchten. (Einige davon werden weiter hinten in diesem Buch ausführlicher besprochen.) Diese Liste ist nicht nach Wichtigkeit geordnet; jeder von uns kann und wird seine Prioritäten darin individuell und instinktiv setzen. Eine solche Rangfolge lässt, jedenfalls teilweise, erkennen, was für ein Lehrertyp wir sind und welchen Unterrichtsstil wir pflegen.

Dafür sorgen, dass Instrumental- und Musik-Unterricht gut ausbalanciert sind

Einige Lehrer konzentrieren sich zu sehr darauf, das Instrument zu unterrichten. Es muss immer auch um Musik gehen. Das heißt nicht, dass Unterrichtsstunden nicht auch einmal reine Technik-Stunden sein können, aber wir dürfen die Musik selbst nie aus dem Blick verlieren.

Auf jedem Niveau unsere Expertise nutzen, um die Schüler zum Erfolg zu bringen

Für unsere Zufriedenheit sollte es keinerlei Unterschied ausmachen, ob wir einem Anfänger helfen, ein kleines Stück genau, mit schönem Klang und echtem Enthusiasmus zu spielen oder einem fortgeschrittenen Schüler, der dasselbe mit einer Mozart-Sonate tut. Wenn es einen Unterschied gibt, kann der nur in unserem eigenen Ego liegen. Ich kenne einige Lehrer, die „nur fortgeschrittene Schüler" unterrichten. Für mich wäre das ein echtes Unglück, und es suggeriert beschränkte Fähigkeiten und Phantasie. (Auf Erfolge und Fortschritte gehen wir in Kapitel 12 genauer ein.)

Unseren eigenen Lehrplan entwickeln

Das ist etwas, das alle virtuosen Lehrer lernen sollten. Wenn unsere Schüler über das Anfängerniveau hinaus sind und das Anfänger-Lehrprogramm absolviert ist, ist oft die Frage, wie wir weitermachen sollen. Viele Lehrer entscheiden sich dafür, die Examens-Route einzuschlagen, *aber das ist kein Lehrplan.* Es funktioniert vielleicht für einige junge Leute, aber für viele nicht. In Kapitel 9 befassen wir uns damit, wie wir unseren eigenen Lehrplan entwickeln können, ohne zu sehr auf Prüfungsprogramme als Vorgabe für unseren Unterricht fixiert zu sein.

Musik-Examina sind hervorragend als gelegentlicher Motivationsschub geeignet, aber sie dürfen nicht unseren Lehrplan ersetzen. Wenn Schüler *wirklich Stufe 3* entsprechen, dann melden Sie sie für *Stufe 3* an. Sie werden die Prüfung spannend finden, sie gut absolvieren und das Ganze wird eine positive Erfahrung sein. Aber unser Lehrplan darf nicht ausschließlich auf diese Examina hinarbeiten: Das ist die Quelle für sehr viel Stress in der Musik-Ausbildung. Und sehr viele Schüler, die solch einem Programm ausgesetzt werden, geben an einem gewissen Punkt auf (meistens eher früher als später) und verlieren dabei oft ihre Liebe zur Musik.

Den Prozess wichtiger nehmen als das Ergebnis

Ob wir Anfänger oder Fortgeschrittene unterrichten, ob jemanden, der nie eine Prüfung ansteuert, oder jemanden, der sich auf ein Examen oder ein Vorspiel vorbereitet – es ist wirklich essenziell, einen Ansatz zu verfolgen, in dem der Prozess selbst stets (oder fast immer) wichtiger ist als das Ergebnis. Natürlich sind Ergebnisse wichtig – zum Beispiel Perfektion, Aufführungen oder Prüfungsresultate –, aber sie dürfen niemals die treibende Kraft für unser Lehren und Lernen werden. Wer auf Ergebnisse fokussiert ist, ist oft ängstlich, gestresst und frustriert. Oft verlieren sie sogar die Liebe zur Musik, die sie ursprünglich angetrieben hatte. Jede „Herausforderung" ist ein Kampf.

Wer sich dagegen auf den *Prozess* konzentriert, genießt jede Aktivität und strengt sich immer im positiven Sinne an – nicht aus einer äußeren, stress-verursachenden Erwartung heraus, sondern eher aus dem Verlangen, etwas gut zu machen und Schwierigkeiten zur eigenen Zufriedenheit zu überwinden. (Genaueres dazu in Kapitel 9.)

Die Eigenverantwortung unserer Schüler entwickeln

Sie werden ernsthaft scheitern, wenn wir das nicht tun. Selbstverantwortung gibt es in einer Reihe von Formen: Üben, ohne dazu ermahnt zu werden, an das richtige Material für den Unterricht denken, zum Unterricht oder Proben pünktlich zu kommen – oder auch, jene weitergehende Verantwortung zu übernehmen, eine großartige Kunst für zukünftige Generationen zu bewahren und an diese weiterzugeben. Vermittelt wird dies dadurch, dass wir selbst ein gutes Beispiel geben, und indem wir unsere Schüler dazu animieren, solchen Erwartungen entsprechen zu wollen. „Zu Proben pünktlich zu kommen, ist professionelles Verhalten und ein Signal, dass sie Dir etwas bedeuten" wird wahrscheinlich eher Erfolg haben als „Wenn Du zu spät kommst, lässt Du alle anderen im Stich!", was negativ ist und Schuldgefühle hervorruft.

Unsere tiefe Liebe zur Musik teilen und in unseren Schülern wecken

Eine der eindrucksvollsten Unterrichtsstunden, die ich je erlebt habe, bestand einfach aus zwei Musikern, die ihre Liebe zur Musik teilten, und von denen einer (der Lehrer) mehr Erfahrung hatte. Beide waren auf ihre Weise hochmotiviert, beide hatten große Lust darauf, ihren jeweiligen Part im Unterrichtsprozess zu erfüllen. Es herrschte eine Atmosphäre intensiver musikalischer Aktivität und Kommunikation. Es war eine Modell-Stunde. Wenn Schüler eine solche ehrliche und echte Liebe zur Musik nicht von Beginn an zeigen, geben Sie ihnen Zeit.

Unseren Schülern helfen, Musik auf musikalische Weise, mit Selbstvertrauen und (letztlich) unabhängig zu machen

Das ist das stärkste und zentrale Ziel des Lehrer-Virtuosen. Es ist für alle Schüler erreichbar, wenn wir uns der Konsequenzen unseres Unterrichtens bewusst sind und ständig darüber nachdenken bzw. verfeinern, was wir tun. Und es zu erreichen, ist das ultimative Geschenk an unsere Schüler, und eines, das sie *alle* verdienen.

3 Der virtuose Lehrer als Meister der Kommunikation

Virtuose Musiker kommunizieren mit ihrem Publikum auf hohem Niveau, sowohl durch ihre Musik als auch durch ihre Bühnenpräsenz: Ihre Persönlichkeit, ja sogar ihre Seele scheint sich mit ihrem Publikum zu verbinden und hinterlässt einen tiefen Eindruck. Auch virtuose Lehrer sind großartige Kommunikatoren und nutzen ihre Fähigkeiten, eine besondere Verbindung zu ihren Schülern zu schaffen. Das geht weit darüber hinaus, was mir mit Worten sagen: Entscheidend ist, was für Menschen wir sind und für welche Kernüberzeugungen und Werte wir stehen.

Dieses Kapitel beschäftigt sich mit den Qualitäten, Überzeugungen und Werten eines virtuosen Lehrers. Solche Eigenschaften sind nicht unbedingt angeboren – einige besitzen wir vielleicht von Natur aus, andere anscheinend nicht. Letztere kann man jedoch lernen und entwickeln; Eigenschaften, die uns abgehen oder die wir bislang nicht angestrebt haben, sollten wir zumindest reflektieren und dann bewusst entscheiden, ob wir sie zu einem Teil unseres Charakters machen wollen oder nicht. Sie könnten uns bei unseren Bemühungen, virtuos zu unterrichten, hilfreich sein.

Der reichhaltige und vielschichtige Charakter eines virtuosen Lehrers

Es folgt eine Liste der Qualitäten, um die sich alle virtuosen Lehrer bemühen sollten. Sie umfasst nicht, was wir tun oder was wir wissen sollten – damit beschäftigen wir uns an anderer Stelle. Diese Qualitäten haben damit zu tun, was und wer wir *sind*. Sie liegen alle ohne Weiteres in unserer Reichweite, und wir können uns wahrscheinlich mit den meisten ohnehin leicht identifizieren. Die Reihenfolge der Aufzählung ist zufällig und nicht relevant.

Hören Sie nie auf zu lernen

Der virtuose Lehrer hört *nie* auf zu lernen. Wir dürfen nie jene Lust am Lernen verlieren, die man nur hat, wenn man eine echte Leidenschaft für das Leben empfindet. Es drängt uns, ständig zu forschen, zu experimentieren und zu verfeinern, was wir tun oder denken. Das bedeutet, in einem permanenten Zustand der Erneuerung zu leben (und das ist ein sehr aufregender Zustand). Diese erregende Gefühl müssen wir mit unseren Schülern teilen und sie dazu bringen, zu spüren, wie viel Spaß Lernen macht.

Vielleicht haben wir einen neuen Fingersatz gefunden, haben eine tolle neue Interpretation eines bekannten Werks gehört, haben ein neues Gerät entdeckt, das alte Rohrblätter auf wundersame Weise wieder brauchbar macht, haben eine neue Methode gelernt, Atmen zu unterrichten, haben eine großartige Idee fürs Improvisieren, haben eine neue Metapher gefunden, um eine bestimmte Stelle zu beschreiben ... Die Liste ist endlos. *Aber wir müssen aktiv das Neue suchen.*

Natürlich stolpern wir von Zeit zu Zeit über etwas Neues und Interessantes, aber das ist nicht genug. Versuchen wir, regelmäßig etwas Neues zu lernen und mit unseren Schülern zu teilen. Erfinden wir uns selbst neu, sooft es geht. Unsere Schüler brauchen frische und beschwingte Lehrer, keine faden und langweiligen.

Vielleicht möchten wir unser eigenes Lernen noch einen Schritt weiter führen – zum Beispiel durch gelegentliche Unterrichtsstunden, die wir bei einem Top-Professor nehmen, oder bei jemandem, den wir bewundern, oder dadurch, dass wir etwas komplett Neues lernen: Vielleicht Bridge oder erste Hilfe für unser Auto – oder wir melden uns für ein Fernstudium an einer Universität an. Diese Dinge haben den großen Vorteil, dass sie uns ständig daran erinnern, wie es ist zu lernen.

Einer meiner Freunde, ein erfahrener Lehrer, nimmt regelmäßig selbst Unterricht. In der Schule, an der er unterrichtet, war er einmal zufällig Zeuge eines Gesprächs zweier Kollegen (keine Musiklehrer), in dem die Äußerung fiel: „Ich verstehe nicht, warum Leute bei Bill lernen wollen, der nimmt doch selber noch Unterricht." Sie könnten nicht falscher liegen.

Seien Sie flexibel

Flexibel sein ist äußerst wichtig. Und Flexibilität hat viele Gesichter. Es kann immer etwas passieren, was es erforderlich macht, der Stunde eine komplett andere Richtung zu geben – der Schüler hat die Bücher oder sein Instrument vergessen, oder er hat nicht geübt, oder der Hamster ist gestorben ... Oder ein Schüler reagiert völlig anders, als wir es erwarten. Zum Beispiel sollten wir viele verschiedene (und flexible) Methoden haben, erwachsene Schüler zu unterrichten. Derartige Situationen erfordern, wie viele andere auch, dass wir uns stets *Offenheit und Anpassungsfähigkeit* bewahren. Regelmäßig unsere Phantasie zu nutzen und nach Art des Simultanen Lernens zu unterrichten, wird uns helfen, geistig beweglich zu bleiben.

Enthusiasmus und Energie / Geduld und Ruhe

Eine erstklassige Unterrichtsstunde erfordert Elan, Tempo und ein beständiges Beteiligtsein. Es gibt sehr wenig Zeit oder Gelegenheit zum Abschalten. *Wir müssen zeigen, dass wir wirklich enthusiastisch dabei sind* – denn wir können von unseren Schülern kaum Enthusiasmus erwarten, wenn er bei uns selbst fehlt! Wenn es uns jedoch gelingt, ihn auf unsere Schüler zu übertragen, wird es ihnen schwer fallen, ihn nicht anzunehmen und auf uns zurückzuwerfen. Und echter Enthusiasmus bringt Energie mit sich. Wir haben oft eine begrenzte Vorstellung von unseren eigenen Energieressourcen. Energie ist eine wechselseitige Angelegenheit – wenn wir Energie ausstrahlen, werden unsere Schüler sie in der Regel zurücksenden. Schüler und Lehrer leben jeweils von der Energie des anderen. Überraschenderweise ist es kaum ermüdend, eine Reihe von energiegeladenen Unterrichtsstunden zu geben; auf der anderen Seite bringt eine Serie von langweiligen, energielosen Stunden vermutlich lethargische und müde Lehrer hervor.

Gleichzeitig sollten wir uns hüten, nie außer uns zu geraten oder Nervosität zu zeigen. Was immer auch passiert, wir sollten stets – um eine gängige englische Redewendung zu verwenden – *cool, calm and collected* sein, also ruhig, gelassen und gefasst. Enthusiasmus und Energie müssen sich mit Geduld und Ruhe die Waage halten. Die Schüler brauchen Zeit und Raum, um Aufgaben zu lösen und die Dinge in ihrem eigenen Tempo zu tun. Und diese Zeiten können sehr stark variieren. Geduld ist hier wirklich entscheidend. Darüber hinaus wird ein prozessorientierter (und nicht ergebnisorientierter) Lehrplan wahrscheinlich viel seltener zu Angst oder Verwirrung führen (mehr dazu in Kapitel 9). Es muss uns bewusst sein, dass wir auch Stress verursachen können. Positives Unterrichten wird den Stress auf ein Minimum reduzieren – für uns selbst und für die Schüler. Angemessene Aufgaben und Erwartungen, ein sorgfältiges Zeitmanagement und ein sensibler Sprachgebrauch helfen dabei.

Enthusiasmus, Energie, Geduld und Ruhe ergeben eine belebende und aufregende Mixtur, aber sie sind alle miteinander verbunden – und eine solche Mischung ist ohne Weiteres erreichbar.

Seien Sie fokussiert

Auch wenn es selbstverständlich klingt: Virtuose Lehrer müssen stets *auf das Lernen und auf ihre Schüler fokussiert sein*. Wenn die Schüler merken, dass sie während der Unterrichtsstunde nicht im Zentrum der Aufmerksamkeit stehen, verlieren sie ihrerseits die Aufmerksamkeit und den Respekt für ihren Lehrer. Normalerweise sehen die Schüler uns nur eine Stunde pro Woche. Diese Zeit muss ganz ihnen gewidmet sein. Ich habe Lehrer erlebt, die gerne Geschichten erzählen – meist mit sich selbst in der Hauptrolle. Eine gelegentliche passende (und möglichst witzige) Anekdote mag angemessen sein, aber die Schüler wollen nicht wirklich wissen, in welchem Orchester ihre Lehrer gespielt haben, oder mit welchem berühmten Musiker sie neulich zusammengesessen haben. Sie wollen einfach nur unterrichtet werden. Wenn der Lehrer nicht fokussiert ist, werden es die Schüler höchstwahrscheinlich auch nicht sein.

Vertrauen Sie Ihren Fähigkeiten

Selbstvertrauen ergibt sich aus *guter Vorbereitung* und daraus, in etwa zu wissen, *wohin die Stunde gehen soll* und was (und wie) wir unterrichten wollen. Selbstvertrauen erlaubt uns auch, für gute Ideen anderer Leute offen zu sein und sie anzunehmen. Vielleicht macht unser Schüler einen Vorschlag, der die Stunde in eine ganz andere und interessante Richtung lenkt. Nur ein Lehrer mit geringem Selbstvertrauen, dem es an Sicherheit fehlt, würde solche Schüler und ihre Vorschläge zurückweisen. Selbstvertrauen gestattet uns auch, zu akzeptieren, dass wir nicht immer Recht haben.

Gutmütigkeit, positive Einstellung und gute Laune

Ein virtuoser Lehrer muss sich *immer eine positive Einstellung* bewahren. Er oder sie sollten stets in aufgeräumter Stimmung und „gut gelaunt" sein. Wenn es „äußere" Probleme gibt, die uns bedrücken, müssen diese außen vor bleiben. Falls sie zu schwerwiegend sind, um sie zu verdrängen und Gefahr besteht, dass sie unsere Arbeit erkennbar beeinträchtigen, dann verschieben Sie die Stunde. Es ist unfair und unprofessionell, Schüler mit Ihren persönlichen Sorgen zu belasten. Vielleicht müssen wir manchmal etwas vorspielen, aber wir dürfen niemals unsere Schüler mit unseren Problemen behelligen.

Sinn für Humor ist ein Bonus. Sie müssen nicht in der Lage sein, alle paar Minuten einen witzigen Spruch zu machen, aber selbst Probleme haben oft auch eine komische Seite, und ein bisschen Humor kann eine Phase intensiver Konzentration erleichtern oder dabei helfen, Ängste vor schwierigen Aufgaben zu beseitigen.

Ich habe von einem Lehrer gehört, dessen Schüler ein System entwickelt haben, mit dem sie sich bei der Begegnung zwischen den Unterrichtsstunden heimlich signalisieren, ob der Lehrer gute oder schlechte Laune hat. So einen Erfindungsreichtum sollten unsere Schüler wirklich nicht nötig haben!

Seien Sie empfindsam und achtsam

Als virtuose Lehrer müssen wir unsere Antennen stets auf Empfang eingestellt haben. Wir müssen sehr genau auf unsere Schüler achten, und sehr genau registrieren, wie sie auf das, was wir sagen oder was wir unterrichten, reagieren. *Wir müssen auf ihre Körpersprache, ihre Konzentration und ihr Engagement achten.* Vielleicht müssen wir das Tempo der Stunde verändern – es ist vielleicht zu schnell oder zu langsam. Oder wir müssen vielleicht die *Intensität* der Stunde verändern – zuweilen ist große Konzentration nötig und muss dann durch humorige Momente oder ein ablenkendes Gespräch ausgeglichen werden. Bei einer sehr eindrucksvollen und sehr gut eingeteilten Stunde habe ich einmal erlebt, dass der Lehrer, mitten in einer Phase sehr intensiver Arbeit, plötzlich fragte, wie denn das Fußballteam des Schülers beim letzten Match gespielt habe. Das war virtuoses Timing. Augenblicke später waren sie wieder intensiv am Arbeiten.

Auch ein erhebliches Maß an Selbst-Beobachtung ist vonnöten: Wir müssen wissen, welche Wirkung wir auf unsere Schüler haben. Schaffen wir durch unser Benehmen, unsere Sprache, unsere Körpersprache und Gesten eine Atmosphäre, in der unsere Schüler aufblühen können – oder behindern wir sie in ihrem Fortschritt?

Ein gutes Vorbild

Kinder und Jugendliche lernen durch Nachahmung und von ihren Vorbildern. Der virtuose Lehrer muss daher *in jeder Hinsicht ein gutes Beispiel geben.* Im Bezug auf persönliches Verhalten und Disziplin heißt das beispielsweise: Pünktlich sein, im Verlauf der Unterrichtsstunde nicht verschwinden und während der Stunde keine Anrufe tätigen oder entgegennehmen.

Schüler lieben es, ihren Lehrer spielen zu hören, besonders im frühen Stadium des Lernens. Spielen oder singen Sie daher viel und in angemessener Weise vor. Achten Sie jedoch darauf, dabei nicht arrogant zu wirken – niemand mag Angeber. Ihr Verhalten ist meist ein Zeichen von Arroganz, mangelnder Sicherheit und geringem Selbstvertrauen (und außerdem Zeitverschwendung).

Seien Sie organisiert

Wenn wir Einzelunterricht geben, ist die dafür nötige Organisation nicht sehr anspruchsvoll. Unterrichten wir aber Gruppen, müssen wir umso organisierter sein, je größer die Gruppe ist. *Instrumentalunterricht für eine ganze Klasse erfordert ein sehr hohes*

Maß an Organisation[3]. Ein unorganisierter Lehrer ist ein gefundenes Fressen für faule Schüler; sie merken zum Beispiel, dass der Lehrer nicht mehr genau weiß, was sie üben sollten. Führen Sie ein Notizbuch, in dem Sie in groben Zügen eintragen, woran jeder Schüler gerade arbeitet. Denken Sie an den berühmten Satz Benjamin Franklins: „*Fail to prepare – prepare to fail!*"; „Versagen bei der Vorbereitung – Vorbereitung des Versagens!". Schüler respektieren einen organisierten Lehrer.

Teilen Sie Wissen, Kompetenz und Erfahrung

Eine der wunderbarsten Unterrichtsstunden, die ich je miterlebt habe, näherte sich ihrem Ende. Ich saß abseits in einer Ecke, der Schüler hatte gerade den Raum verlassen und sein Lehrer wendete sich mir zu und sagte, „Ich habe wirklich *großen* Respekt vor Sam." Und er meinte es auch so. Sams Lehrer verstand, dass *der beste Unterricht durch Teilen entsteht*, dass Lehrer und Schüler gleichberechtigte Mannschaftsspieler sind. Natürlich wissen wir mehr: Wir haben mehr (manchmal viel mehr) Erfahrung als unsere Schüler. Aber Lehren bedeutet, dieses Wissen, die Kompetenz und die Erfahrung zu *teilen*. Unser Wissen und unsere weiter entwickelten Fähigkeiten machen uns in keiner Weise überlegen – als Menschen sind wir und unsere Schüler gleichwertig. Wir sollten Menschlichkeit und Integrität ausstrahlen. Virtuose Lehrer sind bescheidene Leute.

Wir unterrichten, weil wir helfen wollen

Wirklich erfolgreicher Unterricht kommt immer dann zu Stande, wenn Lehrer und Schüler sich gegenseitig und *in gleicher Weise brauchen*. Wenn Lehrer nur lehren, weil sie Rechnungen bezahlen müssen, oder ein bedürftiges (oder gieriges) Ego pflegen wollen („Ich unterrichte nur fortgeschrittene Schüler", „Ich unterrichte nur Schüler, die sich Prüfungen stellen, und alle müssen sie mit Auszeichnung bestehen", „Ich unterrichte, um meinen Wunsch nach Anerkennung zu befriedigen.") oder indem sie ihrem starren Lehrplan folgen, egal was ihre Schüler benötigen, dann brauchen diese Lehrer ihre Schüler wahrscheinlich viel mehr als die Schüler sie. Das kann sehr weitreichende Auswirkungen darauf haben, wie und was gelehrt wird und wie lange der Schüler dabei bleibt. Wenn Lehrer aber die Bedürfnisse, Träume und Wünsche ihrer Schüler kennen und dann ihr Bestes geben, um diese zu erfüllen, dann beruht die Beziehung sehr viel mehr auf Gegenseitigkeit und erhält großes Potenzial.

> Einer meiner Freunde hatte als Kind den leidenschaftlichen Wunsch, *Edelweiß* auf dem Klavier spielen zu können (in der Familie gab es eine Aufnahme davon, und er liebte diese Melodie). Er hatte bislang keinerlei musikalische Schulung. Sein erster Klavierlehrer wollte ihm zuerst alle möglichen Techniken und Tonleitern beibringen. Er aber wollte keine Techniken und Tonleitern lernen: er wollte *Edelweiß* lernen. So war die Beziehung zu diesem Lehrer schnell beendet. Er ging zu mehreren anderen Klavierlehrern, und die Beziehung endete jedes Mal auf die gleiche Weise. Eines Nachmittags saß er mit seinen Eltern in einem Café. Dort spielte ein Musiker zur Unterhaltung der Gäste auf einer kleinen Elektroorgel bekannte Melodien – und er spielte *Edelweiß*. Der Junge schlich sich

3 Siehe *Group Music Teaching in Practice* von Paul Harris und Leonora Davies, Faber Music.

an ihn heran: „Können Sie mir beibringen, das zu spielen?" Der Organist tat das – gleich im Café – und war einverstanden, ihn weiter zu unterrichten. Er brachte dem Jungen noch viele andere Melodien bei, und heute ist dieser Junge ein sehr erfolgreicher professioneller Musiker.

Seien Sie phantasievoll, kreativ und innovativ

Sich einfach von einer Prüfung zur nächsten zu hangeln, ist genau das Gegenteil. Unsere Aufgabe ist es, *unseren Schülern Enthusiasmus und Energie zu verleihen, so dass ihre Freude am Musikmachen immer weiter wächst.* Wir wollen nicht auf eine Weise unterrichten, die eigentlich den Wunsch erzeugt, mit dem Musizieren aufzuhören, oder wenigstens mit dem Unterricht. Deswegen müssen wir phantasievoll und kreativ sein. Gelegentlich, und als Ergebnis davon, stellen wir vielleicht fest, dass wir sogar innovativ sind.

Einige Lehrer machen sich Sorgen, dass sie weniger Kontrolle haben, wenn sie eher „kreativ" unterrichten. Das ist ein wenig wie ein Aufbruch ins Unbekannte. Andere wiederum haben das Gefühl, dass es sie von ihrem Hauptziel abbringt. Aber was ist denn das Hauptziel unserer Arbeit? Musik unterrichten. Und Musik sollte phantasievoll und kreativ unterrichtet werden.

Seien Sie freundlich und liebevoll

Manche Leute denken, dass Freundlichkeit eine Schwäche ist und dass Menschen, die nett und rücksichtsvoll sind, nur Angst vor Verletzung haben. Nichts könnte weiter von der Wahrheit entfernt sein. Es ist Unfreundlichkeit, die meist auf Schwäche und Unsicherheit hinweist. Freundlichkeit zeugt von Stärke. Virtuose Lehrer *empfinden Zuneigung für ihre Schüler.* In diesem Zusammenhang bedeutet das, dass wir intensiv über ihr Lernen nachdenken und darüber, wohin sie sich entwickeln müssen und was sie wissen müssen. Es bedeutet, sich von dem stereotypen Ansatz zu verabschieden: „Das ist es, was ich dir beibringen werde, egal ob Du es brauchst oder willst.").

An die Geburtstage der Schüler zu denken oder über die aktuelle Verfassung ihrer Haustiere Bescheid zu wissen: All das dient dem Aufbau einer harmonischen Beziehung, die für ein wirklich erfolgreiches Lehrer-Schüler-Team unverzichtbar ist. Ganz selten habe ich Lehrer etwas wirklich Verletzendes zu ihren Schülern sagen hören – Schüler behalten so etwas sehr lange in Erinnerung. Ich habe auch festgestellt, dass einige Lehrer anscheinend denken, normale Regeln gelten nicht, wenn man mit größeren Gruppen arbeitet (in einer Chor- oder Orchesterprobe zum Beispiel). Jemanden zu demütigen (wie auch immer und aus welchem Grund auch immer) ist nicht nur alles andere als hilfreich, sondern auch kontraproduktiv.

Ein gutes Urteilsvermögen entwickeln

Virtuose Lehrer müssen die Fähigkeit entwickeln, sich objektive und vorurteilsfreie Meinungen zu bilden und ihre Schüler und das, was sie können oder nicht können, unvoreingenommen zu beurteilen. Wir sollten Vorurteile – schmeichelnde genauso wie abwertende – vermeiden, ebenso wie Verallgemeinerungen: Sie verleiten häufig zu negativen Schlussfolgerungen, die wiederum unsere Einstellung beeinflussen und so den Fortschritt des Schülers behindern könnten.

Wir merken z. B., dass ein neuer Schüler oder eine Schülerin Schwierigkeiten mit dem Zungenstoß in einer Passage hat. Persönlich halten wir die Zungenstoß-Technik für sehr wichtig. Dann könnten wir sehr schnell zu dem Urteil kommen, dass der Schüler entweder ...

- generell schwach in der Zungenstoß-Technik ist, oder, schlimmer noch, ...
- ein schlechter Schüler ist, weil er einen schlechten Zungenstoß hat.

Ganz anders sieht es aus, wenn wir in unserem Urteil offener sind. Der Schüler könnte vielleicht auch ...

- den Zungenstoß bei langsamerem (oder schnellerem) Tempo gut beherrschen
- eine gute Zungenstoß-Technik bei tieferen (oder höheren) Noten haben
- eine gute Zungenstoß-Technik bei lauteren (oder leiseren) Passagen haben
- ein neues Blättchen oder Mundstück benötigen
- es an einem anderen Tag besser machen.

Diese Möglichkeiten können wir einfach testen, das geht meistens sogar sehr schnell. Dann stellen wir vielleicht fest, dass das Problem nur bei hohen Tönen besteht und überlegen uns eine einfühlsame und individuelle Strategie, mit passendem Material, um es zu beheben.

Wenn ein Schüler ein schwaches Gehör zu haben scheint, oder schlecht vom Blatt lesen kann, oder Improvisieren nicht mag, ist er noch lange kein schlechter Schüler oder generell schlecht auf dem Gebiet. Viele Lehrer sind allzu schnell mit deratigen irrationalen Verallgemeinerungen bei der Hand, die letztlich die Lösung erheblich erschweren.

Zeigen Sie mit Leidenschaft Ihre Liebe zur Musik

... denn deswegen unterrichten wir doch. Das ist es, was wir unseren Schülern mitgeben wollen. Es ist die fundamentale Triebkraft für das, was wir tun.

Viele der genannten Qualitäten, Einstellungen und Werte sind sehr stark miteinander verbunden und voneinander abhängig – die „Liste“ ist tatsächlich viel kürzer, als sie scheint. Wie viele Punkte davon können Sie abhaken? Gibt es welche, die Sie für unwichtig halten? Gibt es welche, mit denen Sie sich stärker beschäftigen möchten? Haben Punkte auf der Liste Sie zum Innehalten gebracht und sind Sie ins Nachdenken gekommen? Keiner davon ist im Grunde schwierig zu erlernen, und wir sollten versuchen, sie *alle* zu beherzigen. Denn der Erfolg des Lehrer-Virtuosen (wie des Künstler-Virtuosen) ist in vielerlei Hinsicht von der Fähigkeit abhängig, eine Beziehung aufzubauen und zu kommunizieren.

4 Das Beste aus den Schülern herausholen

Gibt es wirklich schlechte Schüler?

Ich habe vor einiger Zeit ein Lehrer-Seminar abgehalten und war gerade dabei, dieses brandheiße Thema zu diskutieren, als ein Mitglied des Auditoriums plötzlich herausplatzte und ziemlich wütend sagte: „Aber ich bekomme immer nur *schlechte* Schüler ... *alle* meine Schüler sind schlecht!" Er war wütend und vollkommen überzeugt, dass, was er da gesagt hatte, der Wahrheit entsprach. In seiner Wahrnehmung mag es so gewesen sein, aber es war auf keinen Fall eine absolute Wahrheit. Ganz offensichtlich erfüllten seine Schüler nicht die Kriterien, von denen *er* glaubte, dass sie einen guten Schüler ausmachen. Seine Schüler schienen ganz deutlich zu versagen, und das verärgerte ihn zutiefst.

Er war an jenem Vormittag nicht bereit, eine andere Meinung zu akzeptieren und kam am Nachmittag nicht wieder. Mit ein wenig ernsthafter Reflektion und einer Neuausrichtung seiner festen Glaubenssätze und Werte hätte er diese äußerst negativen und unglücklichen Gedanken direkt in ihr Gegenteil verwandeln können. Vielleicht wollte er das nicht. Auf jeden Fall wäre er vielleicht besser kein Lehrer geworden.

Wenn wir irgendwelche unserer Schüler für schlecht halten, dann können wir sicher sein, dass sie genau das auch werden. Doch so etwas sollten wir unter keinen Umständen denken. Unser Job besteht darin, allen unseren Schülern zu helfen – und in ihnen eine positive Grundeinstellung zu verankern. Deshalb müssen wir einfach akzeptieren, und zwar ohne Vorbedingungen, dass alle unsere Schüler gute Schüler sind. Es *gibt* keine schlechten Schüler. Natürlich können Schüler (sehr) unterschiedlich schnell lernen. Aber „langsame" Schüler werden auf ihre Art genauso viel *leisten* und können ihren Erfolg genauso genießen wie jeder andere Schüler. Virtuose Lehrer müssen stets sowohl Leistungen als auch Erfolge im Blick behalten, aber wenn sie einfach anerkennen, dass *alle* ihre Schüler – jeder auf seine Weise – fähig, phantasievoll und kreativ sind, aber eben *unterschiedlich*, dann wird das jedem einzelnen ermöglichen, positive selbsterfüllende Prophezeiungen wahr werden zu lassen.

Rufen wir uns die wichtige Unterscheidung zwischen Leistung und Erfolg in Erinnerung. Wir haben zwei gleich alte Schüler, beide arbeiten gleich hart, und in derselben Zeitspanne erreicht der eine Stufe 1 und der andere Stufe 8. Wer hat die größere Leistung vollbracht? Keiner: Die *Leistung* ist für beide dieselbe – und beide sollten in gleicher Weise gefeiert werden. Und wenn der Lehrer Simultanes Lernen anwendet, werden die Schüler, wenn sie erfolgreich durch ihre sequentiellen Aktivitäten gehen, immer etwas geleistet haben. Mehr können wir nie erhoffen – fröhliche und engagierte Schüler zu schaffen, die durch ihren Unterricht immer eine positive und gute Einstellung zu sich selbst haben. Sorgen Sie aber unbedingt dafür, dass der Schülererfolg nicht durch zu energielosen Unterricht oder zu niedrige Erwartungen gebremst wird. Was für den einen Schüler Stufe 1 ist, mag für den anderen Stufe 8 sein. Wir müssen aber sicherstellen, dass alle Schüler die besten Bedingungen für Entwicklung und Fortschritt bekommen – das heißt die bestmögliche Unterstützung vom Lehrer und von den Eltern bzw. Erziehungsberechtigten. Unterstützung, die ein natürliches und produktives Üben fördert und dafür sorgt, dass die Schüler sich regelrecht auf jene hochwichtigen Herausforderungen freuen.

Erwartungen erfüllen

Im Allgemeinen erfüllen Menschen Erwartungen, die an sie gestellt werden. Jedenfalls tun das unsere Schüler. 1968 wurde an *The Oak School* in den USA ein bekanntes Ausbildungs-Experiment durchgeführt. Eine Gruppe von Schülern wurde zufällig ausgewählt, und ihren Lehrern wurde gesagt, dass diese Schüler voraussichtlich wesentlich größere Fortschritte machen würden als ihre Klassenkameraden. Am Ende des Schuljahres hatten diese Schüler, von denen die Lehrer höhere Erwartungen hatten, tatsächlich signifikant mehr gelernt als ihre Mitschüler. Dieser sogenannte „Pygmalion-Effekt"[4] besagt, *dass ein Schüler sich so entwickelt, wie der Lehrer glaubt, dass er sich entwickelt*[5]. Es ist eine selbsterfüllende Prophezeiung.

Deswegen müssen virtuose Lehrer immer eine positive Erwartungshaltung an ihre Schüler haben. Und wenn diese Erwartungen stets angemessen und sorgfältig definiert sind, werden alle unsere Schüler ihnen gerecht werden können und sich verbessern. Dabei müssen wir aufpassen, dass wir nicht die gleichen Erwartungen an alle Schüler haben. Ich habe gehört, wie Lehrer, zum Beispiel bei einem Bewerbungsgespräch, damit angeben: „Alle meine Anfänger schaffen Stufe 1 innerhalb eines Jahres!" Das ist nichts zum Angeben. Das mag für einige Schüler richtig sein, doch viele Schüler sind nicht auf Prüfungen aus. Für sie ist so etwas eine unangenehme und ganz und gar unangemessene Erwartungshaltung. Erwartungen müssen flexibel und breitgefächert sein.

Je individueller unsere Erwartungen sind, desto besser. Wir sollten für verschiedene Schüler keine gleichen Erwartungen zu fast jedem Lernaspekt haben. Einige werden schon sehr früh phrasieren können, andere nicht. Manche Schüler werden bei leiseren Tönen mit ernsten physischen Problemen zu kämpfen haben, bei anderen ist es zu viel verlangt, fortgeschrittene technische Kontrolle mit Finessen zu kombinieren – alle Schüler entwickeln sich unterschiedlich.

Wenn wir die Schüler näher kennenlernen und immer mehr verinnerlicht haben, was sie wissen, was sie verstehen und was sie können, was sie motiviert, was sie sich wünschen und wie schnell sie lernen, werden wir immer besser darin werden, die passenden Anforderungen zu stellen. Dabei ist es wichtig, diese Anforderungen so hoch anzusetzen, wie möglich – aber nicht *zu* oft *zu* hoch! Auf dem Weg zum Erfolg auch mal etwas nicht zu schaffen, kann – mit einem guten Lehrer und mit Unterstützung der Eltern – spannend sein. Aber wir wollen nicht *zu* viel davon. Die Anforderungen

4 Der Begriff geht auf Eliza Doolittle in Shaws *Pygmalion* zurück: „Der Unterschied zwischen einer Dame und einem Blumenmädchen liegt nicht darin, wie sie sich benimmt, sondern wie sie behandelt wird ..."

5 *Pygmalion in the classroom*, Robert Rosenthal und Lenore Jacobson, 1968.

sollten so hoch sein, dass die Schüler an etwas arbeiten, von dem wir wissen, dass sie es schaffen können. Wenn ein entsprechender Lern-Rhythmus etabliert ist, werden die Schüler mehr und mehr erreichen. Sie werden immer mehr Selbstvertrauen bekommen und dadurch für sich selbst die Bedingungen für schnelle Fortschritte und echte Motivation schaffen.

Erlauben Sie niemals, dass die Schüler sich mit Mittelmaß zufrieden geben, und vermitteln Sie ihnen nie das Gefühl, dass Mittelmaß alles ist, was sie jemals erreichen werden. So etwas ist demoralisierend, kraftraubend und wird ihr Selbstbewusstsein unterminieren. Es besteht die Gefahr, dass die Schüler den Unterricht aufgeben – und womöglich jede Art musikalischer Betätigung. Virtuose Lehrer lassen so etwas nicht zu.

Sich mit seinen Anforderungen nach vorgegebenen Kriterien zu richten, etwa nach festgelegten Prüfungen, ist ebenfalls sehr gefährlich. Ein Schüler kann sehr viel Spaß daran haben, mithilfe des Simultanen Lernens an einer bunten Palette von Stücken und Aufführungen zu arbeiten, er würde sich aber vielleicht schlecht fühlen, wenn er zu einer Prüfung gedrängt wird, die er eigentlich nicht machen will. Noch schwieriger wird es, wenn das Alter ins Spiel gebracht wird: *„Alle meine neunjährigen Schüler absolvieren normalerweise Stufe 2 ohne Probleme – was ist los mit Dir?“* Nichts ist los: Es ist einfach die falsche Anforderung zur falschen Zeit. (Wenn Sie sich über Ihre eigenen Anforderungen klar geworden sind, achten Sie auch auf die Eltern – sie haben oft andere, wesentlich unrealistischere. Einfühlsame Gespräche sind dann wahrscheinlich vonnöten!)

Wenn wir angemessene, positive Erwartungen an unsere Schüler haben und es uns gelingt, sie ihnen klar zu vermitteln, werden auch sie immer positiv gestimmt und stark motiviert bleiben.

Fis ist besser als B ...

Wir alle vergleichen viel. Heute ist es wärmer als gestern. Dieses Gericht ist nicht so gut gewürzt wie letztes Mal. Die Folge dieser Woche war viel besser als die der letzten Woche. Mein Hund ist größer/läuft schneller/bellt lauter/ist schlauer als Ihrer. Solche Vergleiche sind sehr oft Bestandteil unserer täglichen Konversation und Gedanken. Im Allgemeinen sind sie harmlos und haben nicht viel zu bedeuten, weil es dafür oft auch andere Erklärungen gibt. (Vielleicht war ich während der Folge der letzten Woche im Halbschlaf, oder ich hatte einen schlechten Tag und fand sie deshalb nicht so gut.)

Beim Unterrichten sollte man jede Art von *negativem Vergleich* vermeiden, denn das wäre auf jeden Fall kontraproduktiv. Einige Lehrer stellen ständig Vergleiche an, zwischen dem einen und dem anderen Schüler oder zwischen vielen Schülern und einem besonderen Star – oft einer, dessen Glanz längst verblasst ist. Zu denken (oder schlimmer, zu sagen), dass Schüler A nicht so gut ist wie Schüler B, ist ein allzu simples und sinnloses Urteil. Es gibt mit hoher Wahrscheinlichkeit Gebiete, auf denen Schüler A besser ist als Schüler B. Wenn Schüler A weiß, dass Sie so denken, dann wird er oder sie die Erwartung wahrscheinlich auch erfüllen. Auch solche Urteile funktionieren als selbsterfüllende Prophezeiungen.

Wir sollten es niemanden wissen lassen, wenn wir beispielsweise denken, Schüler C sei unser bester Schüler, und dass „kein anderer da auch nur ansatzweise herankommt". Mit Sicherheit werden andere anders darüber denken. Sind wir denn so sicher, dass Schüler C in *jeder Hinsicht* unser bester Schüler ist? Wohl eher nicht. Und wenn andere Schüler das herausfinden, kann sie das sehr demotivieren: Zu denken, „Mein Lehrer glaubt nicht, dass ich so gut bin wie Schüler C" ist negativ und potenziell schädlich. Und was soll „der beste" überhaupt bedeuten?

Allerdings sollten wir die Schüler durchaus zu *Selbst-Vergleichen* anhalten. *„Wie war ich letzte Woche?" „Wie war ich diese Woche?" „Ich muss wirklich mehr an ... arbeiten."* Es ist gut, im Gespräch mit ihnen herauszufinden, ob sie ihr eigenes Potenzial abgerufen haben. Ein freundliches *„Du machst das nicht so gut, wie Du könntest"* ist durchaus in Ordnung.

Schüler vergleichen sich immer mit Freunden und anderen Zeitgenossen – hier müssen wir versuchen, sie von simplen und sinnlosen Vergleichen abzuhalten. Eine Prüfung bestanden zu haben, ist zum Beispiel ein klassischer Anlass für Vergleiche – aber nur weil „A" Stufe 3 bestanden hat, aber ein Freund von ihm Stufe 4, macht das den Freund noch lange nicht *besser*. A ist vielleicht der bessere Musiker – hat aber vordergründig erst ein niedrigeres Niveau erreicht. „A" muss sehen, dass es noch viele andere Kriterien gibt. Es ist vielleicht schwer zu vermitteln, aber wir müssen alles daran setzen, den Schülern verständlich zu machen, dass das Allerwichtigste die Befriedigung ist, die sie spüren, wenn sie ihr Bestes geben (und übertreffen).

In einem positiven Kontext kann es jedoch inspirierend und motivierend sein, wenn die Schüler andere spielen hören. *„Ich möchte gerne das Stück lernen." „Ich möchte gerne so einen Klang haben." „Ich möchte so schnell spielen können."* Sie stellen dabei objektive Vergleiche mit ihrem eigenen Spiel an, und das Resultat ist ein positiver Wunsch. Junge Leute sollten immer dazu ermuntert werden, sich über die Fähigkeiten und Erfolge ihrer Freunde (oder anderer Zeitgenossen) zu freuen. Schüler, die in Jugend-Ensembles oder Chören mitmachen, werden oft zu größeren Leistungen angeregt, weil sie dabei Spieler mit einem höheren Niveau kennenlernen. Diese Art von Vergleich sollte man unterstützen.

Schubladendenken

> A ist ein schwacher Schüler; B ist nicht motiviert; C lernt langsam; D hat nur eine kurze Aufmerksamkeitsspanne; E kann nicht gut hören; F ist schlecht in Gehörbildung ... und so weiter.

Schubladendenken mag einen gewissen Nutzen haben, kann aber, wie wir wissen, auch problematisch sein. Man kann Schüler sehr leicht „einsortieren", und wenn die Schüler „ihre" Schubladen erst kennen, glauben sie ebenfalls daran und richten sich danach. Wurde ein Kind erst einmal „in eine Schublade gesteckt", kann es für ihn oder sie sehr schwer sein (manchmal unmöglich), sich daraus wieder zu befreien. Haben Sie das als Kind in irgendeiner Weise erlebt? (Ich schon!) Sobald wir uns jedoch die Frage stellen „C lernt langsam – doch im Vergleich zu wem oder zu was?", merken wir, wie bedeutungslos so eine Schublade ist.

Ich weiß von einem Lehrer, der neue oder übernommene Schüler gerne anhand all der Elemente, die sie in seiner Wahrnehmung „schlecht“ können, identifiziert und einordnet. Das umfasst Gehörbildung, Vom-Blatt-Lesen, Improvisation und so weiter. Der potenzielle Schaden, den ein solches Vorgehen anrichten kann, ist immens. Die Art von „Reparatur-Unterricht“, die dann für nötig gehalten wird, kann negativ, langweilig oder entmutigend sein, und das Ganze kann beim Schüler psychologisch sehr viel Unheil anrichten. Dieser Ansatz beruht auf einem tiefgreifenden Missverständnis.

Viele Lehrer wenden negatives Schubladendenken unter anderem deswegen an, weil es sie davon befreit, Verantwortung zu übernehmen. „Der Schüler ist nicht motiviert, also kann ich von ihm nicht viel erwarten, dann kann ich auch nicht viel daran ändern.“ „Der Schüler lernt langsam, also reicht es, wenn ich ihm ein Stück pro Jahr beibringe.“

Negatives Schubladendenken sollte tunlichst vermieden werden und wenn überhaupt, dann nur im Stillen vor sich gehen, als temporäre Etikettierung, von der die Schüler nie erfahren dürfen. Schüler ändern sich, manchmal plötzlich und häufig. Positives Schubladendenken kann genauso problematisch sein – es kann Stress oder Selbst-Überschätzung hervorrufen.

Nicht grundlos loben

Zwei Posaunisten wurden im Gruppenunterricht gebeten, unisono eine B-Dur-Tonleiter zu spielen. Sie spielten anfangs recht gut zusammen, aber nach etwa der Hälfte kamen sie durcheinander und danach stimmten weder Tonhöhen noch Tondauern überein. Als das Ganze endlich zu einem sehr wackeligen Abschluss kam, reagierte der Lehrer mit einem „Gut gemacht!“. Die Schüler blickten verwirrt.

Wir mögen es alle, gelobt zu werden. Wenn es effektiv eingesetzt wird, ist Lob Gold wert. Die Grundregel: Ehre, wem Ehre gebührt, ist nicht zu bestreiten, und es ist wohl genauso klar, dass ein Lob, wo Lob *nicht* angebracht ist, kontraproduktiv ist und das Vertrauen in den Lehrer sowie den Respekt vor ihm schwächt.

Aber ganz so einfach ist es nicht. Sogar Lob mit den besten Absichten (und zum richtigen Zeitpunkt) kann unerwartete Probleme verursachen. Das wollen wir etwas genauer betrachten.

Es gibt zwei Arten von Lob: anerkennendes und bewertendes. Anerkennendes Lob baut Selbstvertrauen auf, während bewertendes Lob oft eine Abhängigkeit oder sogar Beklemmung erzeugt.

Sehen wir uns **bewertendes Lob** zuerst an: „Das hast Du brillant gespielt!“ „Guter Junge/gutes Mädchen, die Tonleiter hast Du ausgezeichnet gespielt.“ „Das hast Du so schön gesungen.“ Diese Bemerkungen sind alle warmherzig und gut gemeint. Aber sie können Abhängigkeit erzeugen, insbesondere wenn sie oft wiederholt werden. Sie loben die Person (*Du* hast das getan), und davon werden die Schüler immer mehr haben wollen. Das bringt sie vielleicht dazu, sich mehr anzustrengen, um noch mehr Lob zu bekommen, aber der dünne

Lack des unmittelbaren Wohlgefühls, das damit erzeugt wird, platzt schnell ab und die Schüler bleiben ungeschützt zurück. Ihr Ego wächst vielleicht (sehr viel Lob dieser Art kann arrogante Kinder hervorbringen), aber nicht ihre Selbstachtung, die wichtiger ist als alles andere. So etwas kann sogar Beklemmung auslösen, wenn die Schüler das Lob als zufällig empfinden („Ich weiß gar nicht, wie ich das geschafft habe."). Das wiederum kann zu Unsicherheit führen („Wenn ich das jetzt schlecht spiele, wird mein Lehrer weniger von mir halten.") Das „Guter Junge/gutes Mädchen"-Lob sollte ebenfalls vermieden werden: Es führt zu der Folgerung „Ich bin schlecht, wenn ich die Tonleiter nicht gut spiele."

Anerkennendes Lob: „Das habe ich genossen.", „Das war wirklich akkurat und musikalisch phrasiert.", „Die Übung hat wirklich etwas bewirkt." Diese Art von Lob lässt den Schüler denken „Mein Lehrer fand gut, was ich *getan* habe.", „Ich habe es gut gemacht.", „Mein Üben hat sich gelohnt." Der *Schüler* kommt zu diesen äußerst wichtigen Schlussfolgerungen. Mit der Zeit stärkt das sein Selbstvertrauen und seine Unabhängigkeit. Der Schüler wird von der Not befreit, sich Anerkennung von außen holen zu müssen, um voranzukommen. Sein Selbstwertgefühl steigt. Er ist stärker selbst-motiviert. Positive, aber nicht-bewertende Beobachtungen haben eine ganz ähnliche Wirkung und sind auch eine effektive Form des Lobs: „Ich sehe, Du benutzt jetzt den richtigen Fingersatz."

Natürlich sollten wir unseren Schülern oft etwas Nettes sagen: Ein gelegentliches direktes „Das hast Du sehr schön gespielt." (besonders, wenn es wirklich sehr schön gespielt war) wird nicht zu Einbildung und Selbstherrlichkeit führen. Aber das Bewusstsein für die „gefährliche" Wirkung solchen Lobs hilft uns sehr, unsere Schüler zur Selbständigkeit zu erziehen. Wenn wir ein wenig genauer darüber nachdenken, wie wir Dinge formulieren, können wir leicht potenziell schädliches, bewertendes Lob in aufbauendes, anerkennendes Lob verwandeln.

Drei weitere nützliche Lob-Regeln sollte man dabei beachten:

1. Einsatz statt Talent loben

Loben Sie eine Anstrengung, wann immer Sie können. „Die Arbeit, die Du da hineingesteckt hast, hat sich wirklich gelohnt." oder „Ich freue mich sehr über Deine harte Arbeit diese Woche." Beides motiviert viel stärker und ist positiver als „Dieses Mal hast Du das brillant gespielt." Wenn wir Talent loben (besonders, wenn wir es übermäßig loben), erzeugen wir Schüler mit einem Problem. Wenn sie ahnen, dass sie etwas nicht schaffen werden, werden sie es womöglich gar nicht erst versuchen, damit sie ihren Status nicht gefährden. Talent zu loben behindert sehr oft den Fortschritt, wogegen den Einsatz zu loben die Lust weckt, etwas auszuprobieren und Risiken einzugehen, und dadurch sehr viel mehr Potenzial hat, Fortschritte zu bewirken. [6]

6 Lesen Sie *Selbstbild* von Carol Dweck, und Sie werden nie wieder nur Talent loben!

2. Kritik unmittelbar nach Lob ist nicht konstruktiv

„Die Intonation in der Passage war gut kontrolliert, aber dieser Abschnitt war schrecklich..." Das Lob in dieser Bemerkung wird gar nicht richtig wahrgenommen werden. Oft loben Lehrer eher mit allgemeinen Worten, kritisieren aber sehr konkret: „Der Klang war sehr schön, aber das G in diesem Takt war zu dünn und diese Stelle hier hatte keinen Fokus, und ..." Es ist hilfreich, auch das Lob sehr konkret und spezifisch zu formulieren – dann wird es sehr viel ernster genommen und wesentlich mehr Wirkung haben.

3. Ehrliches Lob hat einen langen Atem

Lob muss immer ehrlich sein. Wenn die Schüler wissen, dass sie nicht gut spielen, aber zur Ermutigung dafür gelobt werden, beginnen sie zu denken, dass Lob nur eine andere Form von versteckter Kritik ist.

Bedenken Sie, dass es viel mehr zu loben gibt, als nur, wie ein Schüler gerade spielt. Wenn wir uns darauf trainieren, auch subtile Nuancen in der Entwicklung unseres Schülers zu bemerken und diese angemessen loben, werden wir sehr stark zu ihrer Selbst-Motivation beitragen. Loben können wir etwa Initiative, Enthusiasmus, Entschlossenheit und Bestimmtheit, Unabhängigkeit, Verantwortung und Kreativität.

Wir sollten auch signalisieren, dass wir an das Potenzial unseres Schülers glauben: „Ich wusste, dass Du das kannst." Behandeln Sie jeden Erfolg, als ob sie ihn erwartet hätten. Geben Sie sich nicht überrascht (jedenfalls nicht zu oft!) – das schwächt unsere Position.

Das Lob eines virtuosen Lehrers kann sehr weitreichenden Einfluss auf die Persönlichkeit und den Erfolg eines Schülers haben. Es lohnt sich, es mit sehr viel Bedacht und Überlegung einzusetzen.

5 Mit Problem-Schülern umgehen

An ihrer ersten Schule rannte einmal eine sehr junge Jacqueline du Pré den Korridor mit ihrem Cello entlang, mit leuchtenden Augen und einem breitem Grinsen im Gesicht. Sie wurde von einem Lehrer angehalten, der sie fragte, ob sie gerade von ihrer Unterrichtsstunde käme? Sie antwortete: „Nein, da gehe ich gerade hin."

Wir müssen realistisch sein und zugestehen, dass nicht alle unsere Schüler wie Jacqueline du Pré sein werden; und nicht alle werden einfach zu unterrichten sein.[7] Sie werden sich nicht alle gut benehmen, und nicht alle werden hochmotiviert sein und leicht und systematisch lernen. Die Wahrheit ist, dass nur sehr wenige unserer Schüler diese Qualitäten haben – und auch die haben nicht alle auf einmal. Aber es wird mit Sicherheit spezielle Momente geben, in denen sie *tatsächlich* den Status eines *idealen Schülers* annehmen.

Das Ziel des virtuosen Lehrers ist es, solche Momente zu mehren, so dass wir immer das Beste aus jedem einzelnen Schüler herausholen. Das Erfolgsgeheimnis ist, sehr *feinfühlig und aufmerksam* alle Eigenschaften der Schüler zu beobachten, die wir in der Summe *Verhalten* nennen – Umgangsformen, Handlungen, verbale Sprache und Körpersprache unserer Schüler. Wenn wir ihr Verhalten verstehen und passende Strategien haben, damit umzugehen, haben wir eine gute Ausgangsposition.

Niemand lebt problemfrei, und wir wissen alle, dass das Leben komplex und schwierig sein kann. Das gilt auch für junge Menschen: Sie versuchen, die Welt zu verstehen, an ihren Beziehungen zu arbeiten und mit ihren Altersgenossen gleichzeitig gut auszukommen und zu konkurrieren. Und während sie all das tun, müssen sie auch noch zur Schule gehen und womöglich noch Musikunterricht nehmen.

Da kommen wir ins Spiel. Das erste, was wir wissen müssen, ist, warum sie jede Woche zum Unterricht kommen. Idealerweise kommen sie, weil *sie* es wollen. Dann sind sie wahrscheinlich einigermaßen motiviert, und mit einfühlsamem und sorgfältig strukturiertem Unterricht sollte das auch so bleiben. Aber häufig ist das nicht der Fall. Schüler nehmen oft Unterricht, weil ihre Eltern das wollen. Und Schüler, die Musik nur auf Geheiß ihrer Eltern lernen oder, schlimmer noch, nur um ihre Eltern zufrieden zu stellen, können jede Menge Schwierigkeiten bereiten. Damit befassen wir uns später.

Weil es in diesem Kapitel ausschließlich um *Verhaltens*-Probleme geht, werden wir uns nicht direkt mit spezifischen Problemen und Unterrichtsstrategien beschäftigen, die Schüler mit bestimmten Lernstörungen betreffen[8] (Legasthenie, Dyspraxia, ADHS,

7 Dieses Kapitel befasst sich generell mit den Problemen, die für Kinder und Teenager typisch sind. Sie werden bei erwachsenen Schülern wahrscheinlich keine Rolle spielen.

8 In Großbritannien werden diese oft unter dem Akronym SEN (*special educational needs*) zusammengefasst. Es gibt viele gute Bücher und Internetseiten, die diese Schüler im Detail betrachten.

Autismus und andere). Solche Störungen (wie auch Probleme zuhause und andere Sorgen) können aber sehr wohl das Verhalten eines Schülers *beeinflussen*, und wir müssen davon wissen. Bitte lehnen Sie Schüler mit solchen Störungen nicht rundweg ab – nicht mal diejenigen mit komplizierteren Bedürfnissen. Auch sie können spezielle musikalische Talente besitzen! Solche Schüler sind sicherlich eine Herausforderung, aber sie zu unterrichten, kann auch enorm lohnend sein. Wir benötigen für sie etwas mehr Fachwissen (nicht unbedingt eine besondere Ausbildung), und sie erfordern notwendigerweise ein gewisses Umdenken (vielleicht auch ein radikales Umdenken) – was aber vielleicht unserem normalen Unterricht ebenfalls sehr zugute kommt. Ich hatte das große Vergnügen, kürzlich Adam Ockelford zu begegnen, dem Lehrer eines blinden und hirngeschädigten Jungen namens Derek Paravicini. Derek ist inzwischen ein sehr erfolgreicher Jazz-Pianist von internationalem Ruf. Es ist eine sehr lehrreiche Geschichte, die Adam Ockelford in seinem wunderbaren Buch *In the Key of Genius*[9] erzählt, das ich Ihnen nur ans Herz legen kann.

In diesem Kapitel konzentrieren wir uns auf Schüler, die sich, unabhängig von ihrem Hintergrund, unkooperativ und schwierig verhalten. Sie versuchen vielleicht, den Lehrer zu kontrollieren; vielleicht sind sie mürrisch und scheinen alles, was wir tun, um ihr Lernen angenehm und interessant zu machen, abzulehnen. Wir werden uns ansehen, was sich hinter den verschiedenen Arten eines solchen negativen Verhaltens verbergen könnte, und welche Strategien wir anwenden können, um es zu verbessern.

Du merkst es vielleicht nicht, aber ich versuche, Dir etwas zu mitzuteilen …

Im Allgemeinen ist negatives Verhalten ein *Symptom* für Schwierigkeiten, die der Schüler oder die Schülerin hat. Er oder sie sagt uns deutlich „Ich kann das bzw. etwas nicht." Hier müssen wir versuchen, herauszufinden, was genau das Problem ist und - noch wichtiger – was die Ursache des Problems ist. Bis wir das geschafft haben, kann es sein, dass sich unser Schüler weiterhin unkooperativ verhält.

Wenn wir vermuten, dass die Schwierigkeit außerhalb unseres Musikunterrichts liegt – vielleicht Mobbing oder Ärger zuhause – dann sollten wir den Fall jemandem übergeben, der in der Lage ist, sich der Sache anzunehmen. Aber wenn wir spüren, dass es in irgendeiner Weise mit dem Musikunterricht zu tun hat, sollten wir selbst versuchen, etwas dagegen zu tun.

Heute bin ich mies gelaunt …

Fangen wir mit einem mürrischen Schüler an, der nicht mit uns reden will und in einer gereizten und schlechten Stimmung zu sein scheint. Paradoxerweise versucht ein mürrischer Schüler oft, sozusagen indirekt, *doch* mit dem Lehrer zu kommunizieren. Das findet man aber nicht heraus, indem man sagt „Hör auf zu muffeln!" „Sei nicht so schwierig!" und schon gar nicht mit „Reiß Dich zusammen!" All das wird kaum etwas bewirken, außer vielleicht, alles nur noch schlimmer zu machen. Solche Sätze sind nutzlos, genau wie negatives Schubladendenken[10].

9 Adam Ockelford, *In the Key of Genius*, Hutchinson Press.

10 Siehe Seite 27

Es gibt eine ganze Reihe von Gründen, warum Kinder mürrisch sein können. Sie haben vielleicht nicht geübt – mürrisch sein ist eine Methode, dem Lehrer die Verantwortung für ihre Unsicherheit und ihr schlechtes Gewissen zuzuschieben. Vielleicht hat sie irgendetwas verärgert, was gar nichts mit ihrer Musik zu tun hat. Oder sie haben überhaupt keinen Grund – für einen Jugendlichen ist das manchmal einfach der Normalzustand.

Mürrisch sein ist ein noch recht harmloser Versuch, die Kontrolle über den Unterricht zu erlangen. Die Schüler wissen, dass es schwieriger ist, mit dem Unterricht weiterzumachen, wenn sie sich bockig verhalten. Da müssen wir einen Ausweg finden. Einige Lehrer möchten ihre Schüler nicht direkt konfrontieren und versuchen, auf einfühlsame Weise einen anderen Zugang zu finden: „Ich sehe, dass Du unzufrieden bist..." und warten dann geduldig eine Antwort ab, bevor sie weitermachen. Möglicherweise bekommen Sie heraus, was das Problem ist, indem Sie gezielt abfragen: „Ist es die Bogenführung, die Dich frustriert, oder etwas anderes?" Andere ziehen eine direktere Ansprache vor: „Wir kommen nicht weiter, wenn Du nicht mit mir redest. Kannst Du versuchen, mir zu erklären, was Dich so bekümmert?"

Ein virtuoser Lehrer wird sich überlegen, welcher Ansatz am ehesten Erfolg verspricht. Wenn wir beim Unterrichten sehr genau darauf achten, wie unser Schüler reagiert, kann es sein, dass wir auf die Ursache des Problems kommen, ohne den Schüler direkt fragen zu müssen. Wenn das Problem (oder das generelle Problemfeld) erkannt ist, dann arbeiten wir daran einfach mittels Simultanem Lernen, auf so viele Weisen wie möglich, bis es behoben ist.

Zuweilen gelingt es, den Schüler aus seiner mürrischen Stimmung zu holen, *indem wir diese einfach ignorieren* und eine lebendige, fröhliche, phantasievolle und inspirierende Stunde abhalten. Die schlechte Laune eines Schülers wird sich nur durchsetzen, wenn wir sie zulassen! Eine (virtuose) Lehrerin, die ich kenne, hatte fast ein ganzes Semester eine Schülerin, die in jeder Unterrichtsstunde schlecht gelaunt war. Die Lehrerin ignorierte konsequent die schlechte Laune und hielt in jeder Stunde ihren lebhaften Unterricht ab. Gegen Ende des Halbjahrs verkündete die Schülerin plötzlich: „Ich hab' beschlossen, mit der schlechten Laune aufzuhören." Und das tat sie!

Manchmal kann eine *kleine Änderung im Unterrichtsablauf* eine Verbesserung bringen – die Schüler von ihrer Stimmung abzulenken, muntert sie oft auf. Fragen Sie, was sie machen möchten. Vielleicht wollen sie nicht über ihren Ärger reden, sondern lieber (einfachere) Musik spielen, oder ein Arrangement ihres Lieblingsstücks? Lassen Sie ihnen die Wahl. Fordern Sie sie auf, *selbst* zu entscheiden, womit die Stunde vielleicht produktiver werden kann. Wie wäre es mit einigen (einfachen und fröhlichen) Duetten oder mit der Wiederholung einiger älterer Stücke, die sie schon können? Oder mit etwas Improvisation? Wenn die Schüler in die Entscheidung einbezogen werden, werden sie mit höherer Wahrscheinlichkeit mitmachen. Ist die Entscheidung einmal gefallen, setzen Sie sie enthusiastisch um, mit positiver Energie, und mit viel angebrachtem Lob und Ermutigung. Und wenden Sie Simultanes Lernen an, so dass sich die Stunde in unterschiedliche und interessante Richtungen entwickelt.

Sind die Schüler einfach nur unkonzentriert? Wenn sie mit ihren Gedanken anscheinend ständig woanders sind, wenn sie nicht *aufmerksam* sind, kann es sein, dass Sie sie einfach nicht genug anregen. Versuchen Sie, die Aufgabe interessanter oder herausfordernder zu gestalten.

Manchmal verlegen sich die Schüler auf mürrisches Benehmen, weil ihnen das als die einzige Möglichkeit erscheint, *sich auszudrücken*. Viele Eltern bringen ihren Kindern bei (vielleicht unabsichtlich), unangenehme Dinge nicht direkt zu sagen – „Das gehört sich nicht" –, und als Folge davon sagen die Kinder nicht, was sie denken. Eine solche Verweigerungshaltung ist das einzige, was ihnen bleibt. Wenn Sie das Gefühl haben, dass das der Fall ist, müssen einfühlsame Gespräche stattfinden (mit den Schülern und den Eltern) und entsprechende Maßnahmen getroffen werden.

Ich bin wirklich frustriert ...

In etwas ernsteren Fällen von mürrischem Verhalten kann es auch das *aktuelle Repertoire* sein, das dem Schüler nicht schmeckt. Oder es kann ein Verständnisproblem sein – der Schüler versteht ein Konzept (oder mehrere Konzepte) nicht, und das löst eine solche Verwirrung aus, dass *alles* unverständlich erscheint. Möglicherweise ist irgendwo innerhalb der aufeinander aufbauenden Lern-Kette des Schülers ein Glied zerbrochen (oder wurde nie richtig eingesetzt). Vielleicht hat er geübt, jedoch das Gefühl, dass es nichts genützt hat. Oder vielleicht kämpft der Schüler mit einem technischen Problem – etwas klappt physisch nicht, und der Schüler sieht keinen Fortschritt, was ihn tief frustriert. Vielleicht ist ihm auch unklar, wofür die Arbeit an der Technik gut sein soll.

Möglicherweise ist es auch dramatischer, und die *gesamte Unterrichtsrichtung* muss neu justiert werden. Schüler sind zu Prüfungen gedrängt worden, die sie nicht machen wollen, oder zu Stücken, die sie nicht mögen oder zu schwierig finden (oder zu leicht). Beides kann die Schüler in eine Situation bringen, in der sie sich gedemütigt fühlen, versagen oder einfach nur dumm vorkommen. Hier ist es äußerst wichtig festzustellen, ob die Schüler *wirklich* so denken. Wenn ja, müssen Sie unter Umständen eine andere Richtung einschlagen. Es ist enorm wichtig, dass die Schüler stets ein Erfolgserlebnis haben, dass sie stolz sein können auf das, was sie tun, und dies eine Anerkennung wert ist. In dem Fall dürfte die Verweigerungshaltung bald verschwinden oder zumindest erheblich schwächer werden.

Tiefere Frustration

Wenn die Versuche, den Unterricht (oder im Grunde den Lehrer) zu boykottieren, ernsthafterer Natur sind, zum Beispiel durch ...

- längere Perioden der Verweigerung
- wütende Reaktionen
- böswilligere oder verschlagene Arten der Manipulation

... ist das oft ein Zeichen, dass sich die Schüler ernsthaft vom Lernen abgewandt haben. Aber auch hier versuchen sie im Grunde, etwas *mitzuteilen*. Hier ist es das Bedürfnis, dem Lehrer (und noch mehr sich selbst) zu beweisen, dass sie in der Lage sind, etwas zu beherrschen – wenn nicht ihr Lernen, dann ihre Umgebung. So etwas ist eine häufige Reaktion auf tiefe Frustration, oder darauf, sich dumm, unverstanden oder fehl am Platze zu fühlen – oder auch auf einen Mangel an Vertrauen.

Die Antwort wird kaum darin liegen können, eine autoritäre Haltung einzunehmen. Erinnern Sie die Schüler stattdessen daran, dass (letztlich) sie selbst über ihr Lernen bestimmen. Der Lehrer ist nur dazu da, dabei zu helfen. Möglicherweise muss der Lehrer die Beziehung zu diesem Schüler überdenken. Gibt es einen Mangel an Zuneigung oder Engagement, der als Vertrauensmangel empfunden wird? Hat der Lehrer zu wenig Vertrauen in den Schüler? Erweckt der Lehrer den Eindruck, den Schüler nicht zu mögen? Sind die Reaktionen des Lehrers während des Unterrichts negativ oder streng? Oder benutzt der Schüler den Lehrer nur, um jemand ganz anderem etwas heimzuzahlen (vielleicht einem Elternteil)?

Angst vor Versagen

Einige Schüler benehmen sich schlecht, weil sie (manchmal tiefsitzende) Versagensängste haben.

Eine neue Schülerin kam zu ihrer ersten Stunde mit einem neuen Lehrer: „Erwarten Sie nicht, dass ich irgendwas arbeite – und üben werde ich auch nicht!“ waren ihre einfühlsamen und leidenschaftlich vorgetragenen ersten Worte beim Betreten des Raums. Der Lehrer reagierte nicht auf dieses aggressive Verhalten. In einem ruhigen Gespräch kam (nicht überraschend) heraus, dass die Schülerin von ihrem vorigen Lehrer das Gefühl vermittelt bekommen hatte, vollkommen ungenügend zu sein. Der zornige Ausbruch in der ersten Stunde war eine Form der Abwehr von erneutem Versagen und weiterer Ablehnung. Sie wollte damit ausdrücken, dass nur äußerst wenig von ihr zu erwarten ist und sie sich auf einem Niveau befindet, das kaum noch zu unterbieten ist – mit anderen Worten eine sichere Position. Ihr neuer und viel einfühlsamerer Lehrer begann, das Selbstvertrauen und die Selbstachtung der Schülerin zu stärken, indem er sie uneingeschränkt akzeptierte und klar vermittelte, dass er ihr musikalisches Angebot anerkannte und schätzte. Innerhalb eines Monats arbeitete und übte sie mit Enthusiasmus.

„Ich kann das nicht ...“

... beklagt sich Ihr Schüler. Sie wissen aber, dass er es eigentlich kann. Wie kommt es also dazu? Warum weigern sich einige Schüler, Dinge zu tun, oder geben vor, sie nicht zu können? Das hat wiederum mit Angst vor Versagen zu tun. „Ich mache es nicht, dann kann ich auch nicht versagen.“ Kinder fürchten, dass Fehler oder nicht erfüllte Erwartungen zu Kritik, Ablehnung oder Missbilligung führen. So setzen sie alles daran, eine Situation zu vermeiden, die so eine Reaktion hervorrufen könnte.

„Natürlich kannst Du das!“ ist keine hilfreiche Antwort. Besser ist es, zu sagen „Aber Du kannst *das*“; setzen Sie da an und nehmen Sie ihre Leistung uneingeschränkt an. Akzeptieren Sie in diesem Stadium jedes Angebot und reagieren sie positiv darauf – wie schwach die Schüler auch sein mögen, versuchen Sie *immer*, etwas Lobenswertes zu finden. (Nur achten Sie darauf, nicht etwas zu loben, das absolut nicht lobenswert ist.)[11] Es geht darum, ihr Selbstvertrauen aufzubauen. Mit der Zeit wird ihr Spiel besser

11 Siehe Kapitel 4, Seite 28, Nicht grundlos loben.

werden und wir können die Anforderungen erhöhen. Aber denken sie daran, loben Sie so oft sie können ihre Bemühungen.

Manchmal spielen Kinder absichtlich schlecht oder missverstehen vorsätzlich etwas, um Kritik zu provozieren. Dann können sie das Opfer spielen, und es entsteht ein negatives Umfeld, das sehr schwer wieder zu verlassen ist. Wenn Sie dieses Verhaltensmuster bemerken, dann drehen Sie einfach den Spieß um. Geben Sie unerwartetes Feedback, aber immer positiv: „Das war ja eine interessante Art, diese Phrase zu spielen ... so ganz ohne Dynamik bekommt das so eine Art expressive Kälte. Finde ich gut ..." Aber benutzten Sie so eine Taktik nur selten – junge Leute können darauf genervt reagieren!

„Schätzchen, Du wirst es lieben, Klavier zu spielen ..."

... „obwohl es bei mir nicht so war", vergessen Eltern oft dazuzusagen. „Und wir lieben es so sehr, Deine Prüfungsergebnisse herumzuzeigen und uns an Deinen Auftritten in Schulkonzerten zu weiden und bei unseren Freunden, deren Kinder kein Instrument lernen, mit Dir anzugeben ..." Wenn das der Grund ist, warum ein Schüler beginnt, Unterricht zu nehmen, müssen wir wirklich alle Qualitäten aufbieten, die wir als virtuose Lehrer haben, um eine womöglich sehr heikle Situation zu vermeiden. Widmen wir uns also dem uralten und (manchmal) schwierigen Problem mit den Eltern ...

Die Entscheidung, ein Musikinstrument zu lernen, wird oft von den Eltern getroffen. Wenn diese Entscheidung aus den *richtigen* Gründen erfolgt (nämlich, weil es das Leben verschönern und eine zutiefst befriedigende Erfahrung sein kann, und nicht aus den oben beschriebenen Gründen), dann ist alles gut. Und wenn ein Anfänger das Instrument gehört hat und es mag – den Klang, den es macht, wie es aussieht, die Stücke, die es dafür gibt – und möglicherweise auch andere Kinder kennt, die es gerne spielen – umso besser.

Aber Kinder sagen oftmals ja, ohne eine realistische Vorstellung davon zu haben, was sie da anfangen. Und nach etwa sechs Wochen finden sie es nur noch langweilig. Möglicherweise ist die Realität überhaupt nicht so, wie sie sich das vorgestellt hatten. Kinder denken meist, dass es ganz einfach ist, ein Instrument zu lernen, und dass sie nach kürzester Zeit alle möglichen aufregenden Stücke spielen können. Sie glauben, dass es viel schneller geht, als es tatsächlich der Fall ist. Damit ist die Enttäuschung vorprogrammiert, und als Resultat will der Schüler eigentlich gar nicht in den Unterricht. Nicht-da-sein-wollen führt wiederum zu schwierigem, mürrischen und abweisenden Verhalten. Das hatten wir schon.

Was können wir tun? Zunächst einmal können wir uns in Erinnerung rufen, dass *alle* Kinder musikalisch sind. Anschließend müssen wir die richtige musikalische Aktivität für genau dieses spezielle Kind finden.

- Bearbeiten wir das richtige Repertoire? Es gibt einen gewissen Drang, dass jedes Stück, das wir unterrichten, schwieriger, länger oder komplexer sein muss als das vorige. Wir können aber durchaus mehrere Stücke mit demselben Niveau unterrichten, die schneller gelernt werden und Spaß machen können.
- Vielleicht sollten wir eine Zeit lang ausschließlich ohne Noten arbeiten, nur auf Hör-Basis?

- Vielleicht könnten wir zur Abwechslung phantasievolle Improvisation und Komposition „auf den Speiseplan setzen“, anstatt immer nur an Noten und Stücken zu arbeiten?
- Wie weit sind wir dazu bereit, von konventionellen Anfängertechniken abzuweichen?

Was immer wir entscheiden, es liegt an uns, ob es funktioniert. Wenn aber der Schüler trotz unserer höchst phantasievollen und engagierten Anstrengungen immer noch mürrisch bleibt, sich weigert zu üben und keine Anzeichen der Zusammenarbeit zeigt, dann müssen wir in den sauren Apfel beißen und entweder einen Instrumentenwechsel oder die Beendigung des Unterrichts vorschlagen. Alles andere ist Zeit- und Geldverschwendung. Das sollte allerdings die allerletzte Konsequenz sein.

Vielleicht sind die Erwartungen der Eltern zu hoch und verursachen zusätzlichen Stress. Eltern denken oft, dass Prüfungen ein wichtiger und regelmäßiger Teil der musikalischen Entwicklung sein sollten. Aber viele junge Leute, die schon in der Schule ständig Prüfungen machen müssen, wollen diesem Stress nicht auch noch bei ihren musikalischen Aktivitäten ausgesetzt sein. Für die meisten jungen Musiker kann „auf eine Prüfung hinarbeiten“ eine Herausforderung sein (was positiv ist), aber auch eine Menge Druck und Angst auslösen (was negativ ist). Der virtuose Lehrer muss hier gut beraten.

Vielleicht ist eine *Do-it-yourself*-Prüfung (s. Seite 69) kurzfristig eine Lösung. Verschieben Sie eine formelle Prüfung, bis der Schüler *wirklich* das geforderte Niveau hat, und sie abzulegen eine rundum positive Erfahrung ist. Ich hörte einmal von einem Vater, der darauf bestand, die Tochter zur Prüfung zu schicken, obwohl sie gänzlich unvorbereitet war, weil er ihr mit dem Durchfallen „eine Lektion erteilen“ wollte. Einige Kinder haben vielleicht die Stärke, so eine Rosskur zu verarbeiten, aber generell ist das eine ganz schlechte Idee. Die meisten Kinder werden nur wütend werden und wahrscheinlich auf Rache sinnen.

Manchmal säen die Eltern – unabsichtlich und auch in bester Absicht – den Keim des musikalischen Untergangs in ihren Kindern. Jeder kann durch Musik so viel erleben – es liegt in unserer Verantwortung und wir müssen unser Bestes geben, jeden unglücklichen Ausgang zu vermeiden.

Getrieben (in die falsche Richtung ...)

Problem-Schüler gibt es in sehr unterschiedlichen Varianten. Möglicherweise begegnet Ihnen gelegentlich ein äußerst ehrgeizig wirkender Schüler (meist zusammen mit einem ehrgeizigen Elternteil, das draußen auf ihn wartet), der seinen Blick immer weit nach vorne richtet. Solche Schüler werden auf Ergebnisse aus sein – Prüfungen und Wettbewerbe gewinnen. Offizielle und „wichtige“ Urkunden sind Balsam für ihr verletzliches Selbstvertrauen. Ihr Selbstwertgefühl speist sich daraus, in der Öffentlichkeit „gut dazustehen“ – nicht aus tiefergehenden und wichtigeren musikalischen und persönlichen Leistungen. Fast mit Sicherheit werden sie immer in Eile sein. Sie werden womöglich über phantasievolle Lehrmethoden die Nase rümpfen und einen Unterrichtsstil verlangen, der es geradezu darauf anlegt, Sie zum reinen

Fehler-Korrigierer zu degradieren. Schüler, die in so einer Abhängigkeit stecken, sind meist zutiefst unsicher und werden von Ängsten getrieben. Vielleicht denken Sie, die Eltern oder die Familie nicht enttäuschen zu dürfen, stehen im Wettbewerb mit einem Geschwisterteil oder Freund oder müssen einer bestimmten Vorstellung, die ihnen aufgepfropft wurde, genügen.

Wie können wir damit umgehen? Wir müssen extrem geduldig sein und so gut wir können vermeiden, dieses besessene Verhalten mitzumachen. Wir müssen sehr darauf achten, uns nicht einschüchtern zu lassen oder irgendeine körperliche oder geistige Anspannung zu zeigen. Versuchen Sie stattdessen, solche Schüler zu verlangsamen, zu entschleunigen – ein Prozess, der einige Zeit und ein erhebliches Maß an Geduld benötigt. Wir müssen ihnen beibringen, den Moment zu genießen und nicht ständig weit entfernten Erfolgen nachzujagen. Bauen Sie ihr Selbstwertgefühl zunächst damit auf, dass Sie sie ermuntern, aus kleineren Erfolgen Freude und Genugtuung zu ziehen. Es kann sein, dass wir bei solchen Schülern nie den Durchbruch schaffen – dass Musik für sie niemals zu etwas Besonderem und Erfüllendem erblüht. Wie in allen Fällen können wir nur versuchen, unser Bestes zu geben!

Dürfen wir uns jemals ärgern?

Manchmal überschreitet das Verhalten eines Schülers oder sein fehlendes Engagement eine gewisse Grenze und wird unakzeptabel. In solchen Fällen darf auch der virtuose Lehrer sich mal über einen Schüler ärgern und das zeigen. Aber es ist eine Taktik, die nur äußerst sparsam eingesetzt werden darf – die Kunst besteht darin, genau zu wissen, wann eine verärgerte Reaktion den größten Effekt hat. Und Ärger zu zeigen heißt nicht, die Beherrschung zu verlieren oder laut zu werden. Es ist am besten, dies als letztes Mittel einzusetzen – aus einem Streit mit einem Schüler führt oft kein Weg heraus. Wenn ein (normalerweise guter) Schüler oder eine Schülerin sich (vielleicht ernsthaft) daneben benimmt oder überhaupt nicht arbeitet, dann werden Sie mit offenem Ärger garantiert seine oder ihre Aufmerksamkeit erlangen. Besonders, wenn das nur äußerst selten vorkommt. Die Schüler werden darauf hören, was wir zu sagen haben. Deswegen müssen wir sorgfältig darauf achten, wie wir es sagen. Wir dürfen nie zu weit gehen und einen Bruch erzeugen, der irreparabel oder nur schwierig und zeitaufwändig zu kitten ist. Wenn möglich, sollten wir uns nur über das Problem oder die Situation aufregen – nicht den Schüler persönlich angreifen.

Ein Schüler hat ein wichtiges Konzert und hat immer noch nicht die schwierige Stelle gelernt. Anstatt zu sagen „Du wirst Dich blamieren, wenn Du diesen Teil nicht spielen kannst", oder „Du lässt uns alle im Stich, wenn Du die Stelle nicht übst" oder „Du bist wirklich alt genug zu wissen, dass man so eine Stelle intensiv üben muss", sollten wir versuchen, einen weniger persönlichen Angriff zu versuchen. Zum Beispiel, in klarem und deutlichem Ton zu sagen: „Ich mache mir wirklich Sorgen, dass die Takte 24 bis 36 immer noch nicht sicher sind. Die müssen diese Woche intensiv geübt werden, und das bedeutet wahrscheinlich 20 Extra-Minuten täglich. Kannst Du das schaffen?" Damit haben wir das Problem des unzureichenden Übens thematisiert und kritisiert. Wir haben dem Schüler klare Anweisungen gegeben, und die Verantwortung übertragen, sie durchzuführen. Wir haben keine Schuldzuweisungen gemacht – die erzeugen nur Verbitterung – oder den Schüler schlecht gemacht. So wird er oder sie hoffentlich *positiv* gestimmt nach Hause kommen und das Problem angehen. Unser Ärger richtet sich auf das mangelnde Bewusstsein, verantwortlich zu handeln. Das ist es, was wir als virtuose Lehrer bekämpfen müssen.

Wenn ein Schüler eine Karriere als professioneller Musiker anstrebt, dann ändern sich die Regeln natürlich etwas. Schüler müssen lernen, einen starken Sinn für persönliche Verantwortung zu entwickeln, um sicherzustellen, dass die Dinge erledigt werden. Wenn sie das nicht tun, ist als Reaktion alles von einem „Darüber-reden" bis zu einer ernsthafteren Maßregelung denkbar. Auch hier ist es wichtig, immer auf die Situation zu achten. Versuchen Sie, nach tieferen Ursachen für das Problem Ausschau zu halten und die Strafpredigt nicht persönlich werden zu lassen.

Klare Grenzen sind wichtig

Lehrer-Schüler-Beziehungen funktionieren oft reibungslos, und wir müssen nicht viel tun, um sie auf den richtigen Weg zu führen. Wenn Sie allerdings merken, dass ein neuer Schüler schwierig wird, versuchen Sie, das Problem im Keim zu ersticken. Meist fühlen sich Kinder besser und benehmen sich besser, wenn es klare, vernünftige und verständliche (feste aber flexible) Grenzen gibt. Sie kennen dann die unsichtbaren Linien, die sie mit ihrem Verhalten besser nicht überschreiten. Wenn Sie zu „weich" oder zu freundlich sind, sind Sie auch leichter zu manipulieren, und aus Ihrem Ärger über die Manipulation lernen die Schüler nur, ebenfalls Ärger zu zeigen, wenn sie selbst mit einer schwierigen Situation konfrontiert werden.

Wie immer wir uns entscheiden, mit problematischen Schülern umzugehen - wir dürfen nur selten ärgerlich werden. Wir sollten stets ruhig bleiben, kontrolliert und sachlich und vermeiden, die Schüler für das Problem zu beschuldigen. Wir müssen sie mit Respekt behandeln und sicherstellen, dass sie nie das Gefühl haben, ihre Würde zu verlieren: Das Problem muss gemeinsam gelöst werden. Und wenn ein Problem gelöst *ist*, können wir voranschreiten und das Selbstvertrauen mit jeder Menge positiver Bestärkung wieder aufbauen.

Mal anders gedacht

Beenden wir diese Betrachtung schwieriger Schüler mit einer positiven, nachdenklichen und ziemlich *kontroversen* Bemerkung. Vielleicht stimmen Sie dem letzten Satz dieses Absatzes nicht zu, aber es lohnt sich, über ihn nachzudenken! Eine mir bekannte Lehrerin hat und hatte während ihrer langjährigen Lehrtätigkeit keinen einzigen schwierigen Schüler. Dabei sind ihre Schüler nicht handverlesen und haben äußerst unterschiedliche Hintergründe. Sie ist stets freundlich, liebevoll, gründlich und setzt vernünftige Grenzen. Können wir daraus etwas lernen? Gibt es überhaupt schwierige Schüler *per se*? Oder sind einige davon einfach nur ein Konstrukt des Lehrers?

6 Die Unterrichtsstunde

Die Unterrichtsstunde ist das Instrument des Lehrer-Virtuosen. Und genau wie das Instrument des Künstlers beim Auftritt ist es ein Medium, durch das die Musik zum Leben erweckt wird.

Genau wie Künstler-Virtuosen ständig ihre Instrumentaltechnik weiterentwickeln und verfeinern, kann das auch der Lehrer-Virtuose. Eine Unterrichtsstunde *ist* wie ein Auftritt bzw. eine Unterrichtsstunde ist ein Auftritt. Und wir können uns kontinuierlich bemühen, immer bessere Stunden zu geben, so dass Schüler wie Lehrer inspiriert, belebt und mental erfrischt aus ihnen hervorgehen. (Doch, das meine ich ernst. Auch wenn wir sehr viel Energie in eine Stunde hineingesteckt haben, können wir uns nach wirklich lebhaftem Unterricht trotzdem energiegeladen fühlen – vielleicht körperlich erschöpft, aber das ist etwas anderes!)

Unterrichtsstunden gibt es in allen Formen und Größen. Sie können als eine musikalische Entdeckungs- und Begegnungsreise daherkommen, in der Schüler und Lehrer einen Zusammenhang nach dem anderen herausfinden, mit nahtlosem Übergang zwischen verschiedenen Aktivitäten, in einer grenzenlosen Welt der Kreativität. Oder sie können sich ausschließlich (aber phantasievoll) auf einen ganz bestimmten Technik-Aspekt konzentrieren. Vielleicht bestehen sie aus lauter Anweisungen und sind durchstrukturiert, oder es handelt sich einfach nur um zwei (oder mehr) Personen, die gemeinsam und enthusiastisch ihrer Leidenschaft nachgehen und sie weiterentwickeln.

Lehrpläne: Freund oder Feind?

Lehrpläne für den Einzel- und Gruppenunterricht (Kleingruppen) wurden etwa um die Jahrtausendwende sehr populär. Sie entstanden aufgrund des Eindrucks, dass zu viele Lehrer ein zu enges Curriculum verfolgen und sich dabei nur auf das Instrument selbst und auf eine kleine Auswahl an Stücken beschränken, ohne „andere" Gebiete der musikalischen Ausbildung auch nur anzusprechen. Die Lehrer brachten keine „fertigen Musiker" hervor. Aber sich an einem Lehrplan festzuhalten hatte einen Haken: Die Lehrer mussten so sehr darauf achten, den Plan zu erfüllen (weil ihre Vorgesetzten das verlangten), dass sie, wenn der Unterricht mal in eine andere Richtung ging, verunsichert waren. Der natürliche *Flow* des Unterrichts und der Plan stimmten oft nicht überein.

Es gibt noch eine andere Kehrseite übermäßiger Planung. Ich hatte einen Schüler, der große Schwierigkeiten hatte, im höchsten Register zu spielen. Um das zu überwinden, nahmen wir uns gemeinsam vor, uns stärker um einige miteinander zusammenhängende technische Aspekte zu kümmern. Die wichtigste Entscheidung dabei war aber, dafür *keinen Zeitrahmen* vorzusehen –

um keinen zu starren Plan verfolgen zu müssen. Ein Problem zu lösen dauert eben so lange, wie es dauert. Ein Zeitplan hätte uns beide nur gestresst und Enttäuschung („Ich dachte, ich würde das inzwischen können"), Frustration („Ich kann das immer noch nicht"), schlechtes und unvollständiges Lernen (weil die Aufgabe zu schnell erledigt werden musste) oder sogar noch mehr körperliche Verspannung („Ich muss das bis nächste Woche können!") hervorbringen können.

Das gilt für sehr viele Gebiete des Unterrichtens. Lehrer und Bildungsinstitutionen investieren oft eine Menge Zeit und Energie in die Erstellung von Plänen: kurzfristige (die Unterrichtsstunde selbst), mittelfristige (ein Schul- oder Studien-Halbjahr) und langfristige (vielleicht über mehrere Jahre). Eine *allgemein gehaltene* Planung ist natürlich vernünftig. Aber es ist wichtig, Pläne für Unterrichtsstunden zu entwickeln, die flexibel sind und sich leicht an die sich ständig verändernden Bedürfnisse und Reaktionen unserer Schüler anpassen lassen.[12] Sie können das Lehren planen, aber nicht das Lernen voraussagen. Deshalb muss der Lehrplan (ebenso wie der Lehrer) immer flexibel genug sein, im besten Sinne mit dem Strom schwimmen zu können.

Lehrpläne für das 21. Jahrhundert

Die meisten guten Geschichten, Kinofilme oder Fernsehserien und natürlich auch Musikstücke haben eine einfache Struktur: Einen Anfang, einen Mittelteil und ein Ende. Das haben auch effektive Unterrichtsstunden. Und erinnern wir uns, dass Kinder eine gewisse Routine mögen und darauf gut reagieren.[13] Diese drei Abschnitte (die fließend ineinander übergehen und sich überlappen) müssen nicht nach besonderen Regeln verlaufen.

1. Aufwärm-Übungen

Wir beginnen den Unterricht ohne irgendwelche Bücher oder Noten. Starten wir lieber mit einigen sorgfältig durchdachten körperlichen und mentalen Aufwärm-Übungen. Oberstes Ziel ist es, sowohl im Kopf als auch im Körper so viel Anspannung wie möglich zu lösen. Sicher hat hier jeder ein paar Lieblings-Übungen.[14] Gewöhnen Sie sich an, jede Stunde damit zu beginnen. Bei jüngeren Schülern gehen wir vielleicht zu einigen Rhythmus-Spielen über und dann zu einigen aufeinander aufbauenden, musikalischen Gehörbildungs-Aktivitäten. Wichtig ist, dass die Aufwärm-Übungen einen Bezug zur praktischen Arbeit und dem neuen Material haben, das später kommt. Probieren Sie einzelne Elemente aus. *Seien Sie musikalisch.* Vor allem, achten Sie darauf, dass der Schüler *jede dieser Aktivitäten leicht absolvieren kann.*

12 Ich habe Unterrichtsplanung detailliert in *Improve your teaching!* und *Group Music Teaching in Practice* (beide bei Faber Music) besprochen. Für den Unterricht in großen Gruppen ist Planung in der Tat von höchster Wichtigkeit, aber auch diese Pläne müssen flexibel bleiben.

13 Kinder, die ADHS haben könnten, reagieren im Allgemeinen sehr gut auf hoch-strukturierte Unterrichtsstunden.

14 Viele hervorragende Anregungen finden sich in: The Musician's Body (Ashgate and Guildhall School of Music).

Hier folgt eine Aufwärm-Übung im Stil des Simultanen Lernens:

> Wir arbeiten gerade an einem Menuett in F-Dur, im $\frac{3}{4}$-Takt, mit besonderen rhythmischen Strukturen und technischen Anforderungen, das zudem Stakkato, ***f*** und ***p*** enthält.
>
> Wir zählen einen $\frac{3}{4}$-Takt an und spielen einige Rhythmus- und Klatsch-Spiele.
>
> Dann arbeiten wir an F-Dur (Tonleiter, Arpeggio, Mikro-Tonleiter: was immer angebracht ist) und an den technischen Aspekten, alles im Takt, phantasievoll und kreativ, und fügen, wenn der Schüler sicherer wird, die rhythmischen Muster und andere Elemente hinzu – Dynamik und Stakkato.
>
> Wir improvisieren etwas, im Menuett-Stil, mit diesen Elementen.

Das geht nahtlos über in den sich anschließenden zweiten Teil:

2. Entwicklungsteil

Mithilfe der eingeführten „Zutaten" des Stückes vertiefen wir es nun, probieren Dinge aus, entwickeln bestimmte Fähigkeiten und Musikalität und geben passendes Wissen und Tipps weiter, mal mit, mal ohne Noten. Einige Aktivitäten sind kurz und fokussiert, bei anderen werden die Schüler längere Stellen oder Passagen spielen oder singen. Wir können alle Möglichkeiten und die ganze Bandbreite des Simultanen Lernprozesses ausnutzen[15], indem wir entweder ganz zwanglos von einem musikalischen Aspekt zum nächsten überleiten oder mehr im Detail arbeiten.

Das wiederum geht fließend über in den dritten Teil:

3. Zusammenfassung

Hier vergewissern wir uns, dass die Schüler das, was wir ihnen beibringen wollten, verstanden haben – indem wir vorsichtig nachfragen und das Gelernte in einem anderen Kontext anwenden – nur nicht mit explizitem Abfragen oder Prüfen! Wir stellen auch sicher, dass die Schüler wissen, was sie beim Üben machen sollen, was idealerweise während der ganzen Stunde immer wieder ein Thema sein sollte.

Eine solche „organische" und sich natürlich ergebende Unterrichtsstunde ist der Kern des Konzeptes vom Simultanen Lernen, welches den Schülern ganz von selbst eine mehr ganzheitliche Form der musikalischen Ausbildung vermittelt. Jede weitere detailliertere Planung ist im Grunde unnötig, weil beim Simultanen Lernen der Lehrplan generiert wird, während der Unterricht stattfindet. Sehen wir uns diesen Lernprozess genauer an.

15 Vgl. *Improve Your Teaching!*, Seite 21.

Simultanes Lernen

Es ist mittlerweile einige Jahre her, seit ich das Konzept eines phantasievollen, kreativen, nicht voreingenommenen und pro-aktiven Unterrichtsstils entwickelt habe. Ich habe weltweit Workshops und Seminare zu dem Thema gegeben und stets positives bis enthusiastisches Feedback erhalten. Über die Jahre wurde der Ansatz weiter entwickelt und ist immer weiter gereift.[16] Hier folgt ein Überblick über die Methode, um Sie auf den neuesten Stand meines Denkens zu bringen.

Simultanes Lernen beruht auf drei Prinzipien:

1. Pro-aktiv statt reaktiv unterrichten

Einfach auf das – womöglich mäßige oder von Fehlern durchsetzte – Spiel oder den Gesang des Schülers zu reagieren, ist meist eine leblose, langweilige und frustrierende Art zu unterrichten. Eine typische reaktive Unterrichtsstunde folgt unvermeidlich immer demselben Schema: Die Schüler spielen, machen Fehler, und der Lehrer reagiert (und korrigiert). Nach einer Weile sind die Lehrer unweigerlich frustriert. Und langsam aber sicher zermürbt das auch die Schüler (weil sie ständig Fehler machen), bis sie schließlich aufgeben. Sie verlieren ihren anfänglichen Enthusiasmus und behalten Musizieren am Ende in negativer Erinnerung. So lässt sich auf keinen Fall eine Liebe zur Musik entwickeln.

Beim Simultanen Lernen legen wir die Agenda selbst fest und schaffen einen kontinuierlichen Flow von angemessenen und durchführbaren musikalischen Aktivitäten, die zu echtem Verständnis führen und letztlich unabhängige und positiv denkende Lernende erzeugen. (Machen Sie sich klar, dass es im Grunde nichts ausmacht, wenn der Schüler nicht jedes Mal in der Stunde ein ganzes Stück spielt.)

Es gibt auch Momente, in denen reaktiver Unterricht positiv ist, so z.B. in einer Stunde, die eher einer „Meisterklasse" entspricht (etwa bei fortgeschrittenen Schülern, in einem *tatsächlichen* Meisterkurs, wenn Schüler kurz vor einer Aufführung stehen oder wenn sie eine Prüfung vorbereiten). Hier müssen wir notwendigerweise auf das Spielen oder Singen reagieren, das vielleicht nicht pro-aktiv vorbereitet werden konnte. In solchen Situationen muss das Unterrichten immer positiv sein. Vielleicht haben wir weitere Ideen, experimentieren mit Alternativen und/oder helfen den Schülern, ihr Selbstvertrauen und ihre Fähigkeit zur Eigen-Korrektur zu stärken.

2. Verbindungen schaffen

Als professionelle Musiker und Lehrer sollten wir instinktiv wissen, wie die verschiedenen Bestandteile der Musik zusammenhängen und zusammenwirken. Die meisten unserer Schüler wissen das nicht, daher müssen wir so unterrichten, dass diese Verbindungen deutlich und verständlich werden. Eine Stunde im Simultanen Lernen schreitet ganz natürlich voran und verbindet nahtlos ein Gebiet mit dem anderen, in einer Art organischem Lernen, in dem Schüler und Lehrer immer etwas erreichen und

16 Das Rüstzeug des Simultanen Lernens wird detailliert in *Improve Your Teaching!* und *Teaching Beginners* beschrieben (Faber Music).

an dem ganzen Vorgang Spaß haben. Auch in einer kurzen Unterrichtsstunde können wir passende Verbindungen etablieren. Jede solche Verbindung stärkt die Fähigkeit unserer Schüler, gründlich zu lernen, wirklich zu verstehen, was sie tun, und Musik wahrhaftig zu *durchdringen*.

Am Ende können sie von uns gehen und selbständig Musik „machen" – das schönste Geschenk, das wir ihnen mitgeben können. Simultanes Lernen ist per definitionem ganzheitlich. Tatsächlich ist es eine äußerst praktikable Methode für jene, die die Bedeutung eines ganzheitlichen Lernens begreifen, aber sich nicht sicher sind, wie man es umsetzt. Es erzeugt *von selbst* eine Unterrichtsstunde mit einem natürlichen und logischen „Plan", der sehr wenig Vorbereitung erfordert.

3. Die einzelnen Elemente unterrichten

Beim Simultanen Lernen identifizieren wir die relevanten Elemente (in einem Stück oder Lied wären das zum Beispiel die Tonart, rhythmische Muster, Vortragsbezeichnungen, der Charakter usw.) und legen die Stunde dann darauf an, einige dieser Elemente zu erforschen, sie zu mischen und zu verbinden und sie schließlich in das eigentliche Stück einzusetzen, sobald sie vollständig erfasst wurden. So garantieren wir, dass sie wirklich gelernt werden und dass die Schüler sie in jedem Kontext anwenden können. Fundiertes Lernen hat stattgefunden. Wenn wir einem Schüler in einem Stück einen Rhythmus beibringen, den er nicht mehr spielen kann, sobald er ihm in einem anderen Stück begegnet, ist dieser Rhythmus weder richtig gelehrt noch richtig gelernt worden.

Simultanes Lernen und Stress

Virtuose Lehrer können ihre Schüler fast immer mit 100%igem Engagement, oft mit 100%igem Vergnügen und mit sehr wenig Stress durch ihre Unterrichtsstunden führen. Das heißt nicht, dass Lehrer und Schüler nicht hart arbeiten oder die Arbeit nicht sehr ernst nehmen – das tun sie! Sie sind einfach nicht gestresst. Stress beginnt, wenn Schüler Aufgaben nicht schaffen und angespannt sind. Eine angespannte Atmosphäre behindert effektiven Unterricht oder effektives Lernen. In einer Unterrichtsstunde nach dem Prinzip des Simultanen Lernens, in der jede Aktivität in die nächste übergeht und die Schüler entweder direkt etwas erreichen oder sich mit Vergnügen auf eine reizvolle Herausforderung stürzen, können wir das Stress-Niveau sehr klein halten.

Die richtigen Verbindungen

Im Verlauf des Unterrichts lernt der virtuose Lehrer schnell, welche Verbindungen zwischen den musikalischen Elementen am sinnvollsten sind – die richtige Kombination zur richtigen Zeit kann einen äußerst positiven Einfluss auf ein effektives Lernen haben.

Ein Violinschüler spielt eine kurze Passage unsauber. Denken Sie einen Moment darüber nach, mit welcher Reihe von Querverbindungen Sie ihm am effektivsten helfen können, den Fehler zu korrigieren. Dies wäre eine mögliche Sequenz:

- Die erste Verbindung würde man wahrscheinlich zur Gehörbildung ziehen, insbesondere indem der Schüler die Intervalle präzise *internalisiert*, also sich im Geiste vorstellt.
- Dann, wenn der Schüler dazu bereit ist, ziehen Sie eine Verbindung zum *Singen* und bitten Sie den Schüler, die Intervalle zu singen.
- Als nächstes verbinden Sie dies mit (wirklich genauem) *Zuhören*, während der Lehrer die Stelle spielt.
- Dann vielleicht eine Verbindung zur *Technik* (einige passende Tonleitern und Arpeggios) und zur *Improvisation* (in der Tonart), bevor wir nochmals *internalisieren* ...
- ... und schließlich die Stelle noch einmal spielen – mit viel größerer Sicherheit und Bewusstheit.

Der virtuose Lehrer wird schnell ein Gefühl dafür entwickeln, wie viele Verbindungen im Verlauf einer Stunde angemessen sind. Manchmal sind es mehr, manchmal weniger, abhängig vom Kontext – zum Beispiel hat ein anstehender Auftritt oder eine Prüfung großen Einfluss auf diese Überlegungen – und von der Leichtigkeit (oder Schwerfälligkeit), mit der der Schüler die Musik begreift.

Unterrichtsvorbereitung

Der virtuose Lehrer muss auch *seine* Hausaufgaben gemacht haben. Das dauert aber nicht lange. Ein wichtiger Teil der Vorbereitung ist, sich die Stücke oder Lieder, die wir unterrichten, nochmals gründlich vorzunehmen (siehe Kapitel 11) – genauer: alle Elemente darin zu kennen, auch *ohne Noten*. Mit diesem Hintergrund zu unterrichten macht Eindruck und ist äußerst wirkungsvoll.

Feedback zum Unterricht

Es ist interessant, von Zeit zu Zeit eine Rückmeldung von unseren Schülern zu bekommen. Wenn eine vertrauensvolle Lehrer-Schüler-Beziehung besteht, kann das für die Unterrichtsplanung wichtig werden und die generelle Richtung des Unterrichts beeinflussen.

Dazu kann der Schüler gelegentlich am Ende der Stunde (oder im Rahmen der Hausaufgaben) aufschreiben:

- Was habe ich gelernt?
- Was fand ich leicht?
- Was fand ich schwierig?

Und vielleicht noch:

- Habe ich mich richtig konzentriert?
- Habe ich hart gearbeitet?
- Hat mir die Stunde Spaß gemacht?

Es ist kein großer Aufwand, hierfür einen Fragebogen vorzubereiten (siehe auch Seite 86). Diese Art des Feedbacks kann sich als sehr nützlich erweisen. Wenn es in die Unterrichtsstunde eingebaut werden kann, ohne zu viel Zeit in Anspruch zu nehmen, kann es auch zu einem regelmäßigen Bestandteil werden. Das ermöglicht dem Schüler, seine eigene Meinung zu dem Erreichten, seine Gedanken und seine Bedenken zu äußern (die uns sonst vielleicht nicht bekannt würden) und dadurch wichtige Anstöße oder Ideen für die zukünftige Arbeit zu geben.

Applaus ernten

Genau wie ein virtuoser Instrumentalist ständig danach strebt, jeden Auftritt besonders und unvergesslich zu machen, arbeitet der virtuose Lehrer darauf hin, jede Unterrichtsstunde effektiv, besonders, angenehm, erfüllend und motivierend zu gestalten. Aber erwarten Sie keinen Applaus! Sie bekommen vielleicht ein „Danke“ – aber erwarten Sie auch das nicht! Was es auch immer sei: Wenn Ihr Schüler (und Sie selbst) Ihre Stunde gut gelaunt verlassen – lächelnd, energiegeladen, enthusiastisch, voller Vorfreude auf die nächste Stunde – dann wissen Sie, dass sie erfolgreich war.

7 Des Pudels Kern

Bei den meisten Lehrern besteht ein ganz wesentlicher Teil des Unterrichts darin, (auf die eine oder andere Weise) Anweisungen zu geben und Fragen zu stellen.

Was glauben Sie, wie viele Anweisungen/Fragen geben/stellen Sie einem Schüler während einer durchschnittlichen Unterrichtsstunde? Zählen Sie *alle* Momente dazu, in denen Sie von Ihrem Schüler eine Reaktion erwarten, sei es physisch oder verbal. Natürlich hängt das Ergebnis von einer Reihe Faktoren ab: Von der Dauer der Unterrichtsstunde, davon, ob ein Stück nach Noten unterrichtet wird oder eher durch Erarbeiten musikalischer Konzepte nach Gehör, von der Länge des Stücks, davon, ob es sich um Einzelunterricht handelt oder eine Gruppensituation, und vielleicht noch von weiteren Kriterien, die hineinspielen. Aber ich habe erlebt, dass Lehrer im Rahmen eines halbstündigen Unterrichts im Schnitt etwa 20 bis 60 Anweisungen geben. Und das bedeutet, dass es auch 20 bis 60 Antworten unserer Schüler auf diese Anweisungen gibt und ebenso viele Reaktionen unsererseits auf diese Antworten!

Die Art und Weise, wie wir unsere Anweisungen geben und wie wir auf unsere Schüler reagieren, wenn sie sie ausgeführt haben, sind daher zwei der wichtigsten Aspekte unserer Lehrtätigkeit – *weil wir dies so oft tun.* Wenn unsere Anweisungen klar und unsere Reaktionen positiv, ermutigend, phantasievoll und hilfreich sind, werden die Schüler immer mehr Selbstvertrauen und Selbstwertgefühl bekommen, und ihre Fähigkeiten werden zunehmen. Wenn Lehrer aber negativ reagieren, ist das wie eine schleichende Vergiftung! Negative Reaktionen sammeln sich an, und es ist nachvollziehbar, wenn ein Schüler, der einem solchen Unterricht ausgesetzt ist, irgendwann genug davon hat.

Ich nenne diesen fundamentalen und äußerst wichtigen Teil unseres Unterrichtens die *Kernaktivität.* Sie entscheidet über Erfolg oder Scheitern des Schülers. In diesem Kapitel betrachten wir zunächst die praktischen Aspekte, im nächsten beschäftigen wir uns mit der Art und Weise, wie Lehrer und Schüler verbal mit Fragen und Antworten umgehen sollten.

Die Kernaktivität besteht aus drei Komponenten:

- Anweisung (Lehrer)
- Antwort (Schüler)
- Feedback, das zumeist schon die nächste Anweisung enthält (Lehrer).

Die richtigen Anweisungen

Die Anweisung setzt die Kernaktivität in Gang. Wenn Sie mittels Simultanem Lernen unterrichten, ist die Anweisung Teil einer sich natürlich entwickelnden Reihe von Aktivitäten, die alle nahtlos ineinander übergehen. Wenn Sie noch nicht in dieser Art und Weise unterrichten, höre ich Sie regelrecht denken: *Das würde ja Stunden an*

Vorbereitung brauchen. Überhaupt nicht – mit etwas Phantasie und Übung können Lehrer das quasi spontan. Es ist eine Fähigkeit, die sich sehr schnell entwickelt.

Eine effektive Anweisung sollte *machbar* sein. Dabei haben Sie die Wahl, ob es eine leicht zu erfüllende oder eine Herausforderung sein soll – was jeweils angemessen ist, werden virtuose Lehrer letztlich intuitiv beurteilen können. Beides sollte regelmäßig vorkommen. Die Anweisung muss *relevant* sein (das soll Sie allerdings nicht davon abhalten, ab und zu etwas Unerwartetes, Unvorhersehbares zu tun!). Sie sollte *interessant* sein (bisweilen sogar faszinierend), und sie muss vor allem *gut erklärt* sein, mit einer sehr klaren Absicht, auf Basis einer nachvollziehbaren Begründung und mit so wenig Worten wie möglich. Wir reden oft zu viel.

Manchmal (absichtlich oder versehentlich) geben wir einem Schüler eine Anweisung, die vielleicht etwas mehr erfordert, als wir vernünftigerweise erwarten können. Hier ist es entscheidend, den Schüler gut genug zu kennen, in jedem Fall sollten sie so eine Strategie nur äußerst selten anwenden. Zu viele schwierige Herausforderungen können sich negativ auf die Stimmung auswirken und zu Verärgerung führen. Manche technischen Schwierigkeiten erfordern wahrscheinlich viele Wiederholungen, bis sie überwunden sind. In solchen Situationen sollten die Anweisungen durch ein *positives* Hilfsangebot ersetzt werden, das eine vorsichtige und angemessene Führung beinhaltet sowie die Akzeptanz, dass der Erfolg sich vielleicht nicht unmittelbar einstellt.

Die Antwort

Auf eine sorgfältig formulierte Anweisung sollten die Schüler bereitwillig und gerne reagieren und sie in den meisten Fällen erfolgreich und erwartungsgemäß umsetzen können. Positive Empfindungen (für Schüler und Lehrer) sind die Folge, und so wird die Stunde dynamisch vorangehen. Es kann gelegentlich zu Fehlern oder unerwarteten Antworten kommen, aber bei einer wirklich durchdachten und strukturierten Reihe von Anweisungen wird dies selten der Fall sein. Und falls doch, werden die Schüler im Allgemeinen wissen, warum. Gemeinsam wird eine Lösung gefunden, und die Stunde kann weitergehen. Es ist kein Schaden angerichtet worden – die Problemlösung war sogar kreativ und angenehm.

Allerdings wird es nicht immer möglich sein, alle Anweisungen so sorgfältig zu formulieren, und die Schüler werden daraufhin Fehler machen. Es ist eine bittere Wahrheit, dass die Mehrzahl der Fehler unserer Schüler durch das Unterrichten hervorgerufen werden. *Wenn das Richtige zur richtigen Zeit (und aus den richtigen Gründen) unterrichtet wird, ist die Wahrscheinlichkeit für einen Erfolg hoch.* Ich habe allzu oft erlebt, dass Schüler Fehler machen, weil die Anweisung nicht klar genug war oder weil sie etwas tun sollten, für das sie noch nicht reif waren.

Gelegentlich werden Fehler von anderen Faktoren verursacht. Die Schüler können abgelenkt sein oder sich Gedanken um etwas machen, das mit dem Unterricht nichts zu tun hat, oder der Lehrer hat versehentlich etwas falsch eingeschätzt (zum Beispiel könnte seine begründete Annahme hinsichtlich der Vorkenntnisse des Schülers sich als falsch erweisen). Mit dieser Art von Fehlern werden wir uns später befassen. Außerdem darf man nicht vergessen, dass jede technische Herausforderung auch *Zeit* benötigt, um sie zu bewältigen – etwas nicht sofort zu schaffen, ist keineswegs ein „Fehler".

Damit kommen wir zum vielleicht wichtigsten der drei Elemente der Kernaktivität: zur Reaktion des Lehrers bzw. dem *Feedback*.

Das richtige Feedback

Feedback ist abhängig von einer guten Kommunikationsfähigkeit. Nach dem Vorbild der besten Kommunikatoren achten virtuose Lehrer *sehr* genau auf ihre Schüler. Und ich meine sehr genau. Ich habe viele Unterrichtsstunden erlebt, in denen das Feedback des Lehrers nicht widerspiegelte, was der Schüler gerade gemacht hatte. Schlechtes Feedback der Lehrer kann z.B. sein:

- Eine allgemeine Reaktion – ein unspezifischer, wenig hilfreicher Kommentar („Das war ganz ok...")
- Eine Reaktion auf etwas, was der Lehrer meint gehört zu haben, obwohl er nicht richtig zugehört hat („Das war ok – magst Du es noch einmal spielen?")
- Eine Reaktion auf etwas, was er zu hören erwartet hat („Die meisten machen an der Stelle Fehler...")
- Eine Reaktion, die sich auf das Negative konzentriert („Die Stakkatos waren nicht trocken genug, und Du hast den falschen Fingersatz benutzt").

Virtuose Lehrer werden sich im Gegenteil auf das Positive konzentrieren und immer spezifisches, detailliertes und, wann immer möglich, ermutigendes Feedback geben. Wenn Sie das Gefühl haben, dass sich Ihr Unterricht öfter beim Negativen als beim Positiven aufhält, empfehle ich, an einer neuen Einstellung zu arbeiten. Negatives Denken zieht noch mehr negatives Denken nach sich – und zwar buchstäblich, denn es bewirkt, dass in unserem Körper Stoffe freigesetzt werden, die zu Unwohlsein führen. Wenn Sie also merken, dass in Ihnen ein negativer Gedanke aufkommt, verdrängen Sie ihn, bevor er alles schlimmer macht. Strengen Sie sich richtig an, eine Stunde ... einen ganzen Tag ... zwei Tage ... eine Woche lang wirklich positiv zu sein. Sie werden etwas damit verändern.

Ich habe in den letzten Jahren viele Unterrichtsstunden beobachtet. Es folgen einige Beispiele dafür, wie Lehrer den Anweisung-Antwort-Feedback-Prozess gestaltet haben – vom positivsten Feedback bis zum negativsten. Dabei können wir auch gleich die potenzielle Wirkung betrachten, die die Reaktionen wahrscheinlich haben. Zu welchem Typus tendieren Sie? Wäre es für Sie leicht, das Niveau eines positiveren, fundierten, hochengagierten, d.h. eines wirklich fokussierten, phantasievollen und Anteil nehmenden Feedbacks zu erreichen, wie es für einen virtuosen Lehrer angemessen wäre?

In diesem imaginären Szenario spielt der Schüler jeweils eine kurze Phrase aus jenem *Menuett*, in der ein leichtes Stakkato eingesetzt werden soll (s. Seite 42).

Eine Systematik des Feedbacks

Unsere Systematik beginnt mit dem positivsten, äußerst fundierten, auf einem hohen Energie-Level angesiedelten Feedback – also die Art, die ein virtuoser Lehrer stets anstreben sollte. In einer typischen Stunde nach dem Prinzip des Simultanen Lernens, in der jede Aktivität so geplant ist, dass der Schüler sie auf jeden Fall *versteht* und sie erfolgreich umsetzen kann, sollte sich diese Art des Feedbacks ganz natürlich ergeben und zu weiteren engagierten Aktivitäten führen.

1. Vollkommene Zustimmung

> *„Ich konnte das Tanzen direkt vor mir sehen! Die meisten Stakkato-Noten waren sehr klar und haben die Szene so richtig zum Leben erweckt! Lass uns jetzt noch mehr Stakkato machen ...“*

Eine solch herzliche und einnehmende Reaktion auf die Anstrengungen des Schülers wird in ihm einen starken Wunsch wecken, weiter zu machen. Der echte Enthusiasmus für das Spiel plus das anerkennende Lob sind in der Tat motivierend. Die noch mangelnde Konstanz des Stakkatos wird zwar angedeutet, aber nicht übermäßig betont. Im Simultanen Lernen wäre der nächste Schritt, detaillierter am Stakkato zu arbeiten, weitere passende Verbindungen herzustellen und andere Elemente hinzuzufügen.

In einer richtig energiegeladenen Situation des Simultanen Lernens werden Sie in hohem Tempo Verbindungen herstellen, sich von einem Aspekt zum nächsten bewegen und Schüler haben, die begeistert mitmachen und beständig kleine Erfolge haben. Ist ein solche Arbeitsatmosphäre erst einmal etabliert, braucht es, wo es angemessen ist, oft nur ein Wort des Lobes, oder gar nur ein Lächeln, um zielbewusst und energetisch weiterzumachen. In einer denkwürdigen 30-minütigen Unterrichtsstunde, die ich beobachten durfte, machte der Lehrer einundvierzig Mal eine passende bestätigende Bemerkung oder Geste! Unnötig zu sagen, dass die Stunde sehr positiv verlief.

Nach einiger effektiver Arbeit am *Stakkato* (vielleicht in Verbindung mit Gehörbildung, Technik und etwas Improvisation) wird die Phrase erneut gespielt, und nun erfolgreich. Danach kann die nächste Anweisung lauten: „Lass uns die Stelle noch einmal machen, und nun freue ich mich darauf, zu hören, wie viel Kontrast Du aus diesen zwei dynamischen Bezeichnungen herausholen kannst.“

Es ist nicht schwer, dieses Energieniveau aufrechtzuerhalten – in einer solchen Stunde werden Schüler wie Lehrer sich ständig gegenseitig befeuern.

Die nächsten beiden Arten des Feedbacks setzen nicht ganz so viel Energie frei, sind aber immer noch im Wesentlichen positiv.

2. Qualifizierter Enthusiasmus

> *„Gut! Das meiste hast Du prima gemacht, besonders das Stakkato in dem Takt ... An dieser Stelle hatte es noch nicht ganz den tänzerischen Charakter. Wie fandest Du's?“*

Dieses Feedback ist hilfreich als Mischung aus qualifiziertem (und anerkennendem) Lob, positiven Beobachtungen, einfühlsamer Kritik und einer Frage. Sie zeigt dem Schüler auch, dass der Lehrer genau zugehört hat. Durch die Verwendung des Wörtchens „es“ an Stelle des persönlichen „Du“ wird zudem die Kritik abgemildert. (Man kann “Du” verwenden, aber besser nur in positivem Kontext und nicht die ganze Zeit.)[17]

17 Siehe Seite 28.

Mit der Frage wird der Schüler um seine Meinung gebeten, was sowohl Respekt ausdrückt, als auch klar macht, dass Schüler und Lehrer als Team arbeiten. Die Frage wird wahrscheinlich zu einem interessanten Austausch führen. Danach wird die Stunde mit weiteren Simultanlern-Arbeiten zum *Stakkato* fortgeführt, bevor die Stelle erneut probiert wird. Die Antwort hätte noch besser sein können, wenn sie die Kritik in die Frage integriert hätte: „Gut! Das meiste hast Du prima gemacht, besonders das *Stakkato* in dem Takt ... Wie fandest Du den tänzerischen Ausdruck an dieser Stelle?“

3. Frage / Besprechung

> *„Gut! Was könntest Du jetzt machen, damit diese Stelle noch tänzerischer klingt? Welche Elemente sollten wir uns genauer ansehen?* [Besprechung] *Dann lass uns das versuchen ...“*

Effektives Feedback: Praktisch, positiv und eigentlich keine Kritik. Die ist lediglich in den zwei Fragen versteckt, die den Schüler führen und dazu bringen, genau darüber nachzudenken, was nötig ist, um einen Tanzcharakter zu erzeugen (zum Beispiel mehr Stakkato). Die interessante Diskussion, die darauf folgt, wird zu weiterer Arbeit am *Stakkato* führen, bevor der Schüler einen erneuten Versuch macht, in den er sich noch mehr einbringen wird.

Die nächsten vier Arten von Feedback befinden sich auf einem mittleren Energielevel, sind aber immer noch positiv.

4. Beobachtend

> *„Die meisten Stakkatos waren lebendig und sauber ... aber an der Stelle habe ich sie nicht bemerkt.“*

Zu beschreiben, was wir gehört haben, und einfach zu benennen, was wir nicht gehört haben (aber gerne gehört hätten), ist eine nützliche, nicht-wertende Reaktion, besonders, wenn ein Schüler zum Beispiel ein Element ausgelassen hat, an dem wir gearbeitet hatten. Sie legt nicht den Finger in die Wunde und wird auch nicht persönlich („Du hast die Stakkatos nicht gemacht/Du hast die Stakkatos vergessen.“) Weitere Erklärungen zum Stakkato sollten darauf folgen.

5. Einen Vorschlag machen

> *„Wie wäre es, wenn wir versuchen, alle Stakkato-Noten leichter zu spielen?“*

Der richtige Weg wird hier als rhetorische Frage verpackt, auf die wir keine verbale Antwort erwarten. Das „wir“ wirkt freundlich und ist, wenn es liebenswürdig gesagt wird, generell positiv. Der Schüler wird es noch einmal versuchen, allerdings vielleicht nicht sehr enthusiastisch. Das Feedback wäre ermutigender, wenn die Aufmerksamkeit eher auf den Bemühungen des Schülers gelegen hätte: „Schön, Du hast sehr gut versucht, diese Noten *Stakkato* zu spielen. Wie wäre es, wenn wir sie noch leichter nehmen?“

6. Diagnostisch

> *„Okay – Aber die Stakkatos hier müssen immer noch kürzer und leichter sein, damit das Tänzerische herauskommt. Versuch's nochmal ...“*

„Okay“ ist ein recht neutraler Begriff, der beim Feedback oft verwendet wird, wenn die Bemühungen des Schülers angemessen, aber nicht bemerkenswert gut waren. Die prompte Diagnose und der Hinweis darauf, wie das gewünschte Ergebnis erreicht wird, ist eine typische und zumeist effektive Form des Feedbacks. Sie ist manchmal nötig, wenn die Schüler mit etwas Unerwartetem reagieren (das wahrscheinlich nicht funktioniert), so dass wir sie wieder auf den richtigen Weg bringen müssen. Freundlich, sachlich und klar formuliert ist sie ein gangbarer Weg. Immerhin erwähnt der Lehrer nicht direkt, dass das Stakkato fehlt, aber *vorzugeben*, was getan werden muss, ist deutlich weniger wirksam, als es aus dem Schüler herauszukitzeln. Der nächste Versuch des Schülers wird wahrscheinlich nicht viel besser sein. Und viel effektiver als *es einfach nochmal zu versuchen*, wäre es, zuerst noch einmal speziell am Stakkato zu arbeiten.

7. Rollentausch

> *„Wie fandest Du es denn?“*

Die Schüler ihre eigene Leistung beurteilen zu lassen, kann nützlich sein. Aber oft ist dann die Antwort „Mist“ oder etwas ähnlich Abwertendes. Wenn man diesen Weg erfolgreich einschlagen möchte, muss er gut vorbereitet werden: „Wenn Du gespielt hast, werde ich Dich fragen, wie Du es selbst fandest, und ich hätte gern, dass Du dabei besonders auf die Stakkatos achtest.“ Dann ist der Schüler bei der Sache und wird viel eher eine positive Antwort geben können. Wenn in der Stunde dann das Stakkato genauer unter die Lupe genommen wird, war das ein effektiver Prozess, und der Schüler wird aus dem Rollentausch etwas Positives mitnehmen.

Nun kommen wir zu den energielosen, unenthusiastischen Arten des Feedbacks:

8. Beiläufig positiv (ohne es wirklich zu meinen)

> *„Etwas Tänzerisches war dabei, aber diese Noten hier waren nicht im Zeitmaß, und Du hast die Dynamik vergessen, und die Stakkatos wirkten nicht sehr leicht.“*

Das beiläufige Lob ist so kurz und so unspezifisch, dass die Schüler es entweder gar nicht wahrnehmen, nicht darauf reagieren oder es nicht ernst nehmen werden. Der Lehrer versucht offenbar, alle Kritikpunkte im Blick zu behalten und geht dabei über das Positive so schnell wie möglich hinweg. Das funktioniert nicht – Sie müssen es schon so meinen. Auch das Wörtchen „aber“ hat den wohlbekannten Radiergummi-Effekt: Alles, was vor dem „aber“ kam, wird wahrscheinlich vergessen, nur die Kritik bleibt in Erinnerung. Außerdem werden einfach zu viele Dinge erwähnt – das tun Lehrer oft. Die meisten Schüler fühlen sich besser und schaffen mehr, wenn sie sich nur mit einer Sache auf einmal befassen müssen.

9. Unaufmerksam

„Kannst du das noch mal spielen?“

Oder auch: „noch mal versuchen“, oder „noch einmal machen“ oder „noch mal von vorne anfangen“. Und das ohne Erklärung. Wenn Schüler gebeten werden, eine Passage (oder Tonleiter oder Übung) noch mal zu wiederholen, müssen sie wissen warum und was sie anders machen sollen. Ein solches Feedback suggeriert, dass der Lehrer entweder nicht richtig aufgepasst hat, oder keine Lust hat, dem Schüler zu helfen. Der wiederum denkt vielleicht: „Ich weiß, das war falsch, aber ich will wissen, wie ich das ändern kann. Es noch mal zu spielen, hilft mir nicht.“

Vielleicht hat der Lehrer nicht genau genug hingehört, um genau sagen zu können, warum die Passage erneut gespielt werden sollte. Der Lehrer gibt das nicht gerne zu, aber die Schüler werden es ohnehin wissen. Sie bemerken schnell, wenn ein Lehrer unaufmerksam ist und werden bald das Interesse verlieren. Ich habe auch das etwas nettere „Beinahe – versuch es noch einmal.“ erlebt, aber auch das verlangt nach einer Begründung. Es ist wirklich wichtig, zu erklären, *was* anders gemacht werden soll und worauf der Schüler besonders achten sollte – um dann besonders daran mithilfe des Simultanen Lernens zu arbeiten. Erst dann ergibt das Noch-einmal-Spielen für den Schüler einen Sinn.

Im Gegensatz dazu ist „Das fand ich toll – komm, spiel es einfach nochmal, weil's so schön war ...“ sehr akzeptabel.

Negative Antworten sind inakzeptabel. Einige Lehrer meinen, dass das Lehren an sich ein besonderes Augenmerk auf das Negative geradezu *erfordert* – für sie besteht Unterrichten daraus, Fehler zu bemerken und sie zu korrigieren. Wir müssen von dieser Sichtweise wegkommen – sie hat verheerende Auswirkungen. Ich habe Variationen aller folgenden Themen erlebt ...

10. Strenge Reaktion

„Ich fand nicht, dass das sehr nach einem Tanz klang. Die Stakkatos waren zu schwer. Versuch es noch mal und vergiss nicht, sie leicht zu nehmen.“

Eine egozentrische Antwort. Der Schüler wird denken: „Pah, jemand anders findet vielleicht, dass ich das gut gemacht habe.“ Die Kritik wird sehr kalt und unverblümt serviert. Ganz allgemein brauchen Kinder Hilfestellungen, nicht Kritik. Hier gibt es nicht mal den Versuch, zu erklären, wie man *Stakkatos* leichter macht oder an ihnen arbeitet, damit sie besser werden.

Darüber hinaus sollte man die „vergiss nicht“-Anweisung tunlichst vermeiden. Sie bewirkt allzu oft das Gegenteil.[18] Haben Sie nicht auch oft erlebt, dass Ihnen ein

18 Das Gehirn verarbeitet positive Anweisungen. Es wird daher die Anweisung „vergiss das Fis“ verarbeiten, und dann versuchen, das *nicht* zu vergessen. Sehr wahrscheinlich wird sich nichts verändern. Deswegen ist „vergiss nicht“ eine eigentlich sehr verwirrende Anweisung. „Denk daran“ ist viel besser.

Schüler, dem Sie gesagt haben, er solle „die G-Dur-Tonleiter spielen, aber vergiss das Fis nicht“, prompt, nur ein, zwei Sekunden später, Ihnen G-Dur vorspielt, aber natürlich ohne Fis?

11. Negativkritik

> *„Du hast keinen tänzerischen Ausdruck hinbekommen und die Stakkatos waren nicht leicht genug – Du musst Dich mehr konzentrieren. Spiel es noch einmal.“*

Mit dieser Art von Feedback machen Sie sich keine Freunde. Die Schüler werden sich verletzt fühlen – vielleicht haben sie *versucht,* den tänzerischen Ausdruck hinzubekommen. Die (zweifache) Verwendung des „Du“ ist sehr persönlich und missbilligend. „Es“ hätte die Kritik abgemildert. „Es hatte keinen tänzerischen Charakter“ hätte etwas weniger brutal geklungen. „Du musst Dich mehr konzentrieren“ ist zu allgemein und inhaltsleer. Die Kritik orientiert sich vermutlich an einem zu hoch gesteckten Ziel. Wahrscheinlich wird keine besondere Arbeit am Stakkato folgen, bevor der Schüler es nochmal versucht – sicher mit denselben Problemen.

12. Vollkommen negativ

> *„Nein! Nein! Nein!“*

Eine Freundin erzählte mir oft von so einer Reaktion ihres Professors am Musik-Konservatorium. Vielleicht kann ein Student auf hohem Niveau mit einem solchen Schwall von Negativität (*con passione* vorgetragen) umgehen, aber ich würde nicht darauf bauen. Versuchen Sie, das Wort „nein“ überhaupt zu vermeiden. Es ist immerhin das negativste Wort unserer Sprache. Es kann zwar gelegentlich vorkommen („Nein, das ist noch nicht ganz der Tanz-Charakter, aber fast, lass uns mal versuchen ...“), besonders, wenn es mit einem Lächeln daherkommt. So gesehen ist „Nein! Nein! Nein!“ nicht verboten, wenn es für besondere Gelegenheiten – mit einem Augenzwinkern und einem breiten Grinsen – aufgespart wird!

13. Grobheit

> *„Ich hab' Dir schon mehrfach gesagt, wie Du das machen sollst – Ich hab', überhaupt keinen Menuett-Charakter gehört. Warum kannst Du Dir nicht merken, was ich sage, und es zur Abwechslung mal richtig machen? Nochmal!“*

Lehrer sollten niemals zu ihren Schüler grob sein, in keiner Weise. Das einzige, was das bewirkt, ist Verbitterung und Rachedurst.

Ich kenne einen Lehrer, der seinen Schülern oft sagt „Hör auf, Fehler zu machen“. Ich finde, das verdient keine eigene Kategorie (die wahrscheinlich „Gequält“ geheißen hätte), aber auf jeden Fall eine Erwähnung!

All diese verschiedenen Feedbacks sind natürlich verallgemeinert und stellen nur einen winzigen Teil der tatsächlichen Möglichkeiten dar. In der Realität sollte jedes Feedback dem jeweiligen Schüler und der jeweiligen Situation individuell angepasst sein. Zwei

Punkte sind dabei wichtig: Es gibt viele verschiedene Formen von Feedback, und Ihr Feedback kann eine äußerst starke Wirkung haben.

Was Schüler von einem Feedback erwarten

Nachdem sie gespielt haben, erwarten die meisten Schüler eine Kritik, gefolgt von einem Vorschlag, etwas zu ändern und damit ihr Spiel zu verbessern. Aber wenn das immer wieder vorkommt, wird der Schüler bald zu sehr von seinem Lehrer abhängig sein. Manchmal ist ein solches Vorgehen gut, und viele der Feedback-Arten, die wir betrachtet haben, entsprechen in der einen oder anderen Form diesem Muster. Andere aber sind phantasievoller und regen die Neugier mehr an. Es ist wichtig, die Schüler immer wieder zu überraschen und die Art des Feedbacks, das wir geben, ständig zu variieren.

Mit all diesen Bemerkungen im Hinterkopf ist es auch wichtig, sich klarzumachen:

Es kommt nicht darauf an, *was* Sie sagen, sondern *wie* Sie es sagen

Natürlich, es ist wichtig, *was* Sie sagen! Aber *wie* Sie das sagen, ist ebenfalls sehr wichtig. Wir müssen äußerst bewusst mit allem umgehen, was unter das Stichwort *non-verbale Kommunikation* fällt. Wendy Levinson, eine amerikanische Medizin-Professorin an der Universität Chicago, hat herausgefunden, dass die Entscheidung, einen Mediziner wegen fehlerhafter Behandlung zu verklagen, fast zu Hundert Prozent davon abhängt, wie die Ärzte mit ihren Patienten umgegangen sind und mit ihnen gesprochen haben. Überraschenderweise hat es kaum damit zu tun, ob der Arzt versehentlich das falsche Bein amputiert hat.[19] Zwei Aspekte spielen dabei eine zentrale Rolle: Wie wir unsere Stimme benutzen und welche Gestik wir einsetzen (Körpersprache).

Es gibt sehr viele unterschiedliche Stimmfärbungen und Tempi, mit denen wir unser Feedback abliefern können. Es kann lebendig oder ruhig sein, zuckersüß oder eher gleichförmig, ernst oder witzig. All das ist akzeptabel und sollte spontan so eingesetzt werden, wie es die Situation erfordert. Allerdings dürfen wir niemals auch nur ansatzweise frustriert, irritiert oder, und das wäre das Schlimmste, verzweifelt klingen. Wenn Schüler etwas nicht verstehen, ist das höchstwahrscheinlich *nicht ihr Fehler*. Es ist an uns, das Problem zu erkennen und uns eine Reihe von Aktivitäten zu überlegen, die ihnen letztlich ermöglicht, erfolgreich von A nach B zu gelangen.

Lächeln, Lachen, Nicken und andere bestätigende Gesten sind ebenfalls wichtig und können eine Menge Zeit sparen. Eine starke positive Geste kann oft eine verbale Antwort ersparen, so dass die Unterrichtsstunde schneller vorankommt.

Warum positives Feedback so entscheidend ist …

Die unmittelbaren Folgen eines positiven Feedbacks sind enorm. Vor allem fördern und verstärken wir dadurch das Selbstvertrauen, Durchhaltevermögen und Selbstwertgefühl

19 *Journal of the American Medical Association* (Februar 1997).

– alles essenzielle Elemente für den Erfolg unserer Schüler. Menschen brauchen kreatives und anerkennendes Lob. Wenn wir für unsere Unterrichtsstunde gut strukturierte, machbare (und dadurch immer lohnende) Aktivitäten planen, wird sie stets mit Tempo und Elan voranschreiten. Im Ergebnis bekommen wir hoch motivierte und engagierte Schüler, die Lust auf Lernen und Lust auf Üben haben, und die mit frischem Enthusiasmus zur nächsten Stunde wiederkommen.

... und warum es keine negativen Reaktionen geben darf

Umgekehrt wird negatives Feedback mit hoher Wahrscheinlichkeit Ärger, Frustration und einen Verlust an Selbstvertrauen mit sich bringen. Und es ist Zeitverschwendung. Was immer ein Schüler als Reaktion auf eine Anweisung tut – man kann immer etwas Positives finden und äußern, um die Stunde voranzubringen. Das erfordert unter Umständen viel Aufmerksamkeit und ein wenig Phantasie, aber es lohnt sich.

Ein virtuoser Lehrer kann einen Fehler immer in etwas Interessantes und Positives verwandeln, das Spaß macht. Wenn dem großen Pianisten Franz Liszt mal eine falsche Note unterlief, improvisierte er gleich eine ganze, erstaunliche Kadenz darum herum! Negatives und unzufriedenes Feedback rückt oft das Ziel, Musik gut zu spielen, in für die Schüler unerreichbare Ferne, weil es mit einem hohen Perfektionsanspruch verbunden wird. Wenn negatives Feedback gar regelmäßig erfolgt, wird das mit Sicherheit den Schüler demotivieren und verärgern, kann dauerhaften Schaden anrichten und den Schüler wahrscheinlich zum Abbruch des Unterrichts treiben – er wird sein musikalischen Potenzial nie verwirklichen.

Wie sollten wir also auf Fehler reagieren?

Ich meine hier gelegentliche Fehler – nicht solche, die auf einen antriebslosen, gleichgültigen oder ineffektiven Unterricht zurückgehen. Wir müssen uns zunächst einmal fragen, warum Schüler gelegentlich Fehler machen. Am wenigsten besorgniserregend sind Flüchtigkeitsfehler: Eine falsche Note ab und zu, ein etwas wackeliger Rhythmus, eine vergessene Dynamik, während das meiste andere beachtet wurde. Entweder ignorieren wir diese Fehler, oder wir erwähnen sie nur ganz beiläufig, wenn sie nicht von alleine verschwinden. Bedenklicher sind die Fehler, die aus Missverständnissen entstehen, wenn z.B. Schüler eine Anweisung nicht ganz verstehen, oder, etwas ernster, generell verunsichert sind. Hier ist es die Aufgabe des virtuosen Lehrers, das Problem zu finden und zu lösen.

Eine effektive Lösung wäre hier, die Aufgabe schlicht zu vereinfachen. Denn was immer das Problem ist, es gibt stets einen fließenden Übergang zwischen „kann ich nicht“ und „kann ich“. Somit gibt es auch immer einen Punkt, von dem aus die Schüler *Erfolge* erzielen können. Lassen Sie die Stelle langsamer spielen. Gehen Sie das Problem von verschiedenen Seiten an (ganz nach Art des Simultanen Lernens). Oder zerlegen Sie das Problem und arbeiten Sie in kleinen, mundgerechten Häppchen an jedem seiner Bestandteile. In dieser Hinsicht überfordern viele Lehrer ihre Schüler. Wenn ein Schüler etwas nicht versteht (einen Rhythmus zum Beispiel), dürfen wir nicht darüber hinweggehen und hoffen, dass das Verständnis sich auf wundersame Weise von allein einfindet. In seltenen Fällen mag das der Fall sein, aber wir dürfen uns keinesfalls darauf verlassen! Jedes gebrochene (oder fehlende) Glied in der Lern-Kette kann einen sehr durchschlagenden Effekt haben und den künftigen Fortschritt behindern oder sogar blockieren. Haben Sie deshalb keine Eile – lassen Sie sich Zeit, das Problem genau zu analysieren und es *dann* in angemessener Weise zu reparieren. Das ist für Schüler wie auch für Lehrer die dankbarere Vorgehensweise.

In einer Unterrichtsstunde, die ich miterlebt habe, versuchte ein fortgeschrittener Schüler vergeblich, einen komplexen Rhythmus zu spielen. Der Lehrer ließ den Schüler die Stelle immer wieder spielen, bestand darauf, dass er genau zählte, schlug aber nie irgendetwas anderes vor, um den Rhythmus auseinanderzunehmen: ihn in Einzelteile zu zerlegen, die Gruppierungen zu studieren, sich Unterteilungen anzusehen oder an ein anderes (bekanntes) Stück mit demselben Rhythmus zu erinnern. Natürlich bekam der Schüler es nicht hin und beide waren frustriert.

In einer anderen Stunde bekam ein Flötenschüler, dem es nicht gelang, seinen Ton laut genug zu spielen, zu hören, er solle „stärker blasen". Der Schüler blies aber schon so stark, wie er konnte. Die Anweisung war vollkommen unpassend – der Lehrer hätte dem Flötisten dabei helfen sollen, seine Muskulatur richtig einzusetzen und den Luftstrom zu fokussieren. Er ging von einer Reihe falscher Annahmen aus (nämlich, dass „stärker blasen" die Lösung ist, und dass der Schüler weiß, wie man stärker bläst), und wieder endeten beide in Frustration.

Mangelndes Üben

Und was ist mit Schülern, die nicht geübt haben? Sollen wir da immer noch positiv reagieren? Würden die Schüler dann nicht denken, sie bräuchten eigentlich nicht zu üben? In Kapitel 10 befassen wir uns damit, wie man Schüler zum Üben motiviert. Wenn sie jedoch überhaupt nicht üben, dann müssen wir das Problem angehen und versuchen, herauszufinden, warum das so ist. Wenn Schüler, die normalerweise hart arbeiten, nicht üben, gibt es normalerweise einen guten Grund dafür. Signalisieren Sie zunächst, dass Sie begriffen haben, dass es ein Problem gibt. Versuchen Sie dann, einfühlsam im Gespräch herauszubekommen, was schief läuft. Geben Sie keine Ratschläge, solange Sie das nicht genau wissen. Voreilig gegebene Ratschläge werden intelligente Schüler nicht annehmen.

Fehler sollten vor allem als Chance begriffen werden – nicht als Anlass zu Negativkritik, Sarkasmus oder Unmut, sondern als Chance, in der Zusammenarbeit zwischen Lehrer und Schüler das Problem zu lösen. Selbst abgehärtete Musikstudenten an Fachschulen oder Konservatorien wissen einen freundlichen, verständnisvollen, mitfühlenden und phantasievollen Ansatz zu schätzen.

Allzu oft erhält das, was wir tun, erst durch die Reaktion, die wir hervorrufen, für uns eine Bedeutung. Beim Unterrichten ist es so, dass für unsere Schüler das, was *sie* tun, durch *unsere* Reaktion für sie bedeutsam wird. Gehen Sie mit Feedback äußerst sorgsam um: Es hat sehr großen Einfluss auf die Zukunft.

8 Die richtigen Fragen stellen

Wie wir wissen, sollte die Kommunikation mit den Schülern auf Augenhöhe erfolgen – wir sollten „mit" den Schülern sprechen, nicht „zu" ihnen, und schon gar nicht herablassend und kontrollierend. „Mit" ihnen statt „zu" ihnen zu sprechen ruft uns auch in Erinnerung, dass Unterrichten immer ein wechselseitiger Prozess sein muss. Auch wir lernen über jeden Schüler und jede Schülerin ständig Neues, während er oder sie sich musikalisch weiterentwickelt.

Es macht Spaß, sich auf einen lebhaften, schlagfertigen Austausch mit unseren jüngeren vorpubertären Schülern einzulassen. Auch Erwachsene sind häufig für einen Plausch zu haben, und auch im Gruppenunterricht sind Schüler meistens nicht abgeneigt, Konversation zu machen. Aber viele unserer Teenager-Schüler (im Einzelunterricht und auch in kleinen Gruppen) verhalten sich typischerweise meist eher einsilbig. Unsere Konversation muss deshalb sehr oft aus Fragen bestehen, mindestens am Anfang. Wenn eine Stunde dann läuft, benötigen wir Fragen, um das, was wir unterrichten, klarzumachen, zu hinterfragen, zu bekräftigen und auszuprobieren. Es ist also wichtig, dass die Fragen, die wir stellen, relevant, interessant, anregend und vor allem produktiv sind. Und wenn wir zu schätzen wissen, dass Fragen und Antworten auch Spaß machen können, können sie eine sehr große Rolle im Lehrprozess spielen. Die besten Fragen sind die, die die Stunde voranbringen und einen Energieschub bewirken.

Was macht der Hamster?

Die Fragen fangen normalerweise schon an, wenn unsere Schüler den Raum betreten. Es ist wichtig, dass wir Interesse daran zeigen, wie es ihnen geht, insbesondere um ein Gefühl dafür zu bekommen, wie ihre Woche seit der letzten Stunde verlaufen ist. Ebenso wichtig ist es, einschätzen zu können, in welcher Stimmung sie sind (wir selbst sind natürlich immer bestens gelaunt). Von einem Schüler, der eine gute Woche hatte (und deshalb sehr energiegeladen ist), können wir etwas mehr verlangen als von solchen, die vielleicht eine schwierige Woche hatten. Wir müssen hier sehr delikat vorgehen – jedenfalls in den Anfangsphasen der Stunde. (Aber lassen Sie sich nicht von schlauen Schülern hereinlegen, die vielleicht versuchen, Sie zu manipulieren.) Versuchen Sie, zu Beginn eine Menge euphorischer Fragen unterzubringen – das kann die allgemeine Atmosphäre auflockern, so dass die Stunde gut beginnt: „Was war denn das Highlight der Woche bei Dir? Was hat beim Üben gut geklappt?"

Wenn die Stunde dann voranschreitet, gibt es eine Reihe verschiedener Fragetypen und Fragetechniken, die wir einsetzen können – lassen Sie uns das genauer betrachten.

Wer nicht fragt, bleibt dumm

Das englische Wort für Bildung, *education*, bedeutet wörtlich *herausziehen*. Fragen sind hierfür ein etabliertes und bewährtes Mittel. Sie können uns helfen, alles Mögliche herauszubekommen – angefangen damit, was Schüler verstehen oder nicht verstehen, bis hin zu: Welche Einstellung und Einschätzung haben sie zur Musik?

Es gibt drei wesentliche praktische Anwendungsgebiete, in denen wir typischerweise Fragen stellen. Die ersten beiden dienen dazu, den Lernstand eines Schülers festzustellen:

1. *Um das gegenwärtige Verständnis des Schülers zu prüfen und zu bestätigen:*
   (Beachten Sie, dass die folgende Frage so gestellt ist, dass das Selbstwertgefühl des Schülers nicht leidet, wenn er sie nicht beantworten kann.)
   „Hast Du Lust, den neuen Rhythmus zu klatschen, den wir letzte Woche gelernt haben?"
   Und einige Folgefragen: *„Wie unterscheidet er sich von diesem älteren Rhythmus? Kannst Du erklären, wie der Rhythmus funktioniert?"*

2. *Um Fakten oder Informationen in Erinnerung zu rufen:*
   „Erinnerst Du Dich daran, dass diese Note letzte Woche zu tief war? Was willst Du machen, damit sie diesmal auf der Tonhöhe bleibt? Du spielst ja gleich die G-Dur-Tonleiter – welche Note bekommt das Kreuz? Weißt Du noch, warum?"

Aber seien Sie vorsichtig, wenn Sie nach Fakten fragen. Wenn Sie vermuten, dass der Schüler eine Frage wahrscheinlich nicht beantworten kann, dann stellen Sie sie nicht. Ich habe immer wieder erlebt, dass Lehrer ihren Schülern Fragen gestellt haben, die sie nicht beantworten konnten – das ist nur Zeitverschwendung und wird das Selbstwertgefühl des Schülers kaum verbessern.

Wenn Ihre Frage dazu dient, herauszubekommen, was Ihre Schüler wissen oder nicht wissen, ist es in Ordnung zu fragen: „Sag mal, weißt Du eigentlich, was das bedeutet? Nein? Dann erkläre ich's Dir." Oder, noch besser: „Dann lass uns mal sehen, ob wir's herausbekommen ..."

Das dritte Anwendungsgebiet dient dazu, dem Schüler bei Problemen zu helfen.

3. *Um bei der Diagnose von Problemen zu helfen, ähnlich, wie das ein Arzt tut:*
   „Kannst Du mal versuchsweise beschreiben, was Du machst, wenn Du bei dieser Note Zungenstoß spielst?" „Bei welchem Teil genau bist Du unsicher bei diesem Rhythmus?"

Offen oder geschlossen?

Fragen stellen wird zu einer interessanten und anspruchsvollen Angelegenheit, wenn man damit erreichen will, dass sich die Schüler genauer mit der Musik und dem Gelernten auseinandersetzen, es anwenden und reflektieren. Wie können wir das im Detail erreichen? Beginnen wir mit dem Unterschied zwischen *offenen* und *geschlossenen* Fragen. Geschlossene Fragen erfordern nur ein Ja oder Nein als Antwort (bzw. eine kurze Antwort, die richtig oder falsch sein kann). „Magst Du dieses Stück?" ist eine geschlossene Frage, auf die wahrscheinlich nur eine kurze Antwort folgt. Ähnlich ist es auch mit „Was bedeutet *Adagio*?"

Offene Fragen erfordern durchdachtere (und längere) Antworten. „Was magst Du an dem Stück? Fällt Dir eine Stelle in einem anderen Stück ein, die Dir hilft, den Charakter hier zu verstehen? Was habe ich mir wohl dabei gedacht, als ich ... gesagt habe? Was meinst Du, warum hat der Komponist dies hier mit *cantabile* gekennzeichnet?“

Man benötigt beide Arten von Fragen in einer Unterrichtsstunde, aber der virtuose Lehrer sollte sich, wann immer möglich, eher dem phantasievolleren Stil der offenen Fragen zuwenden.

Wenn wir unsere Schüler gut kennen, sollten wir wissen, auf welches Frageniveau sie in der jeweiligen Situation am besten reagieren. Im Zuge ihres wachsenden Verständnisses können auch die Fragen komplexer werden. Wenn wir unsere Fragen entsprechend formulieren, können wir unsere Schüler zu kreativerem Denken anregen und ihr Verständnis dadurch noch weiter vertiefen. Finden Sie, wie in jedem guten Unterricht, ein geeignetes Maß für Ihre Erwartungen und Anforderungen.

Hier zwei Beispiel-Fragesätze zur Erarbeitung der neuen Tonart D-Dur. G-Dur kennt der Schüler bereits.

Fragesatz 1: einfache, effektive „geschlossene“ Fragen:

1. *Welche Vorzeichen hat D-Dur?*
2. *Wie heißt die siebte Note von D-Dur?*
3. *Wie unterscheidet sich D-Dur von G-Dur?* (Die erwarteten Antworten lauten dann in etwa: „Es fängt mit D an; es hat ein zweites Kreuz.“)

Fragesatz 2

Hier die gleichen Fragen noch einmal, aber nun etwas anspruchsvoller, offener formuliert, deren Antworten mehr analytisches Denken und Verständnis für den Klang und Aufbau einer *Dur-Tonleiter* erfordern:

1. *Warum braucht D-Dur zwei Kreuze?*
2. *Welche Note entspricht in D-Dur dem Fis in G-Dur?*
3. *Was ist bei D-Dur und G-Dur gleich?*

Die letzte ist eine wirklich gute Frage. Wir wollen ja, dass die Schüler (vom musikalischen Standpunkt her) verstehen, dass G- und D-Dur sich zur Hälfte entsprechen – sie fangen nur mit verschiedenen Noten an. Ganz allgemein ist es nützlicher, Ähnlichkeiten zu finden als Unterschiede zu suchen. Übereinstimmungen, Verbindungen und Muster zu finden, hilft uns, Dinge zu verstehen, zu erinnern und wirklich zu lernen – unser mentales Ablagesystem ist dann viel aufgeräumter und systematischer als wenn wir es mit einem Haufen unzusammenhängender unterschiedlicher Fakten füllen müssen. Suchen Sie immer nach Übereinstimmungen anstatt nach Unterschieden.

Fragen als Feedback

Wie wir im letzten Kapitel gesehen haben, können Fragen effektiv für ein Feedback eingesetzt werden. Aber es müssen die richtigen Fragen sein. Betrachten wir das folgende Szenario: Eine kurze Passage enthält sowohl *forte* als auch *piano*, unser Schüler hat jedoch alles *piano* gespielt. Im Folgenden eine Reihe möglicher Fragen als Reaktion darauf, angefangen mit Fragen, die so gut wie kein Nachdenken benötigen (zuweilen als *niedrigrangige Fragen* bezeichnet) bis hin zu solchen, die einiges an genauerem Nachdenken erfordern (*hochrangige* Fragen):

- (Auf die *forte*-Stelle zeigend) *„Hast Du die Stelle forte gespielt?“*
  Die Antwort kann ja oder nein sein. Wie würde die Diskussion weitergehen, je nachdem, welche Antwort gegeben würde? Es ist in jedenfalls keine sehr produktive Frage.

- *„Was bedeutet forte?“*
  Der Schüler kennt die Antwort oder nicht, aber auch dies ist keine besonders effektive Frage.

- *„Warum hast Du das nicht forte gespielt?“*
  Wie auch immer die Antwort lautet („Hab' ich doch!“; „Hab' ich vergessen“; „Weiß ich nicht“), es wird dabei nicht viel mehr herauskommen, als Zeitverschwendung. Im Grunde sind fast alle „Warum-hast-Du“- oder „Warum-hast-Du-nicht“-Fragen nur wenig von Nutzen.

- *„Wie sehr hat sich Dein Forte von Deinem Piano unterschieden?“*
  Eine interessantere Frage, die den Schüler zwingt, sich sein Spiel noch einmal zu vergegenwärtigen und die vielleicht einen produktiven Austausch anstößt. Akzeptieren Sie kein „weiß nicht“ als Antwort (siehe unten).

- *„Was musst Du machen, damit diese Stelle forte klingt?“*
  Das impliziert, dass kein *Forte* gespielt wurde und erfordert etwas Nachdenken, wie *forte* technisch erzeugt wird; dadurch wird die Antwort praxisbezogener und nützlicher.

- *„Hast Du eine Idee, warum diese Passage mit forte bezeichnet ist?“*
  Diese Frage bewirkt ein musikalisches Nachdenken und bittet um eine Meinung – aus der Antwort sollte sich eine interessantere Diskussion entwickeln.

Vielleicht kann eine noch allgemeinere Frage eine Diskussion anfachen (wenn es die Zeit erlaubt und Lehrer wie Schüler in der richtigen Stimmung dafür sind):

- *„Warum haben wir überhaupt unterschiedliche dynamische Niveaus?“*

Ich habe zuweilen Lehrer sagen hören „Möchtest Du es nochmal spielen?“, ohne vorherige Bemerkungen. Das ist nicht sehr produktiv und birgt die Gefahr, sich ein „Nein“ einzufangen.

Inspirierende Fragen

Ein Schüler spielt eine Passage sehr wenig ausdrucksvoll. Anstatt jetzt unsere eigenen Ideen dazu zu äußern, können wir auch mit Fragen ein Gespräch darüber anstoßen, wie es weitergehen könnte. Hier einige Beispiele:

- *„Was meinst Du dazu, wie Du diese Passage gestaltet hast?“* (Vorsicht: einige zynische Schüler könnten automatisch annehmen, dass das eine Kritik ist!)

- *„Warum hast Du Dich dafür entschieden, sie so zu machen?"*
- *„Kannst Du die Passage auch anders gestalten? ... Vielleicht sogar auf mehr als eine Art?"*
- *„Versuch doch mal, verschiedene Arten herauszuarbeiten, diese Passage zu spielen, und dann nimm die, die Dir am besten gefällt."*
- *„Wäre eine andere Phrasierung vielleicht besser?"*

Und hier einige etwas offenere und zum Nachdenken anregende Fragen, die höchstwahrscheinlich eine interessante und produktive Diskussion nach sich ziehen werden:

- *„Was genau hast Du gedacht, als Du das gemacht hast?"*
- *„Kannst Du mir sagen, wie Du das gemacht hast?"*
- *„Was bedeutet das für Dich?"*
- *„Was könntest Du nächstes Mal anders machen?"*
- *„Warum hast Du Dich dafür entschieden, es so zu spielen?"*
- *„Was ist Deine Lieblingsstelle in diesem Stück? Warum?"*
- *„Was wolltest Du denn damit ausdrücken?"*
- *„Mochtest Du den Klang? Warum (nicht)? War es Dein bester Klang?"*
- *„Woran denkst Du bei diesem Stück?"*

Das machtvolle Wörtchen „könnte"

Einige Wörter haben einen entscheidenden Einfluss darauf, wie sich eine Konversation entwickelt. Das Wort „könnte" ist eines davon. Wenn wir es in eine Frage einbauen, klingt diese gleich viel weniger einschüchternd. Ohne „könnte" wirken Fragen so, als ob es darauf nur eine richtige Antwort gibt, die der Lehrer kennt, der Schüler aber vielleicht nicht. Ohne „könnte" würde der Schüler unter Druck gesetzt. Mit dem Wort „könnte" jedoch klingt die Frage offener, der Druck verschwindet, und der Schüler wird viel eher bereit sein, eine Antwort zu geben:

„Worum geht es in diesem Stück?"
„Worum könnte es in diesem Stück gehen?"

„Was bedeutet forte?"
„Was könnte forte bedeuten?"

„Wie kannst Du das expressiver gestalten?"
„Wie könntest Du das expressiver gestalten?"

„Glaubst Du" (oder „meinst Du") hat eine ähnliche Wirkung. *„Worum, glaubst Du, geht es in diesem Stück?" „Was, meinst Du, könnte forte bedeuten?"*

Den Antworten Zeit geben

Untersuchungen haben gezeigt, dass Lehrer oft nicht lange genug auf eine Antwort ihrer Frage warten. Die typische Wartezeit beträgt eine Sekunde, bevor der Lehrer entweder die Antwort selbst gibt, oder versucht, die Frage anders zu formulieren. Warten Sie länger – vielleicht etwa drei Sekunden. Geben Sie den Schülern Zeit, sie denken wahrscheinlich über eine Antwort nach und sind frustriert, wenn der Lehrer sie zu früh unterbricht. In einer Gruppensituation könnte der Lehrer nach einer Antwort eines Gruppenmitglieds auch fragen: „Möchte noch jemand etwas hinzufügen?"

Du musst Dich hier noch um etwas kümmern – findest Du heraus, was ich meine?

Interessante Fragen als Reaktion auf einen Fehler können Spaß machen. Ein Schüler wurde gebeten, G-Dur-Tonleitern zu spielen. Dabei hat er jedes Mal das Fis vergessen. Anstatt einfach zu sagen: „Wo war das Fis? Das hast Du vergessen" oder ähnliche Vorhaltungen zu machen, versuchen Sie: „Pass auf, das hast Du gespielt ..." (Der Lehrer spielt G-Dur ohne Fis) und sagen Sie dann: „Das hast Du gespielt, aber es war nicht ganz G-Dur – warum nicht?" Oder der Lehrer spielt vielleicht eine richtige Version, gefolgt von der des Schülers zum Vergleich.

Die potenziellen Antworten können zu allen möglichen interessanten Gesprächen führen.

Eins müssen Sie jedoch beachten, wenn Sie häufig Fragen als Reaktion auf Fehler einsetzen. Das ist zwar eine nützliche Strategie, sie sollte jedoch in diesem Zusammenhang abwechslungsreich sein und nicht zu häufig eingesetzt werden – andernfalls beginnen die Schüler zu denken, dass Fragen immer bedeuten, dass sie einen Fehler gemacht haben. Hoffen wir lieber, dass die Schüler nicht mehr viele machen! (siehe Seite 56)

„Ich weiß nicht ..."

„Wie viele Viertelschläge hat eine punktierte Halbe?"

Wenn ein Schüler etwas wirklich nicht weiß oder nicht die nötige Vorbildung hat, um es herauszufinden, dann ist ein „Ich weiß nicht" als Antwort vielleicht akzeptabel. Wenn Sie jedoch das Gefühl haben, dass der Schüler eigentlich nur zu faul zum Antworten ist oder gerade keine Lust hat, kooperativ zu sein, dann sollten Sie diese Antwort nicht akzeptieren. Sie können direkt reagieren: „Ich glaube, Du weißt die Antwort ..." und einfach abwarten. Oder Sie versuchen, die Antwort herauszukitzeln, indem Sie logisch darauf hinarbeiten: „Weißt Du noch, was ein Punkt nach einer Note bedeutet? Also, wie viele Viertel sind in einer Halben?", und so weiter ...

Die Schüler fragen lassen

Es ist ebenfalls sehr wichtig, die Schüler dazu zu ermutigen und ihnen auch das Selbstvertrauen zu vermitteln, uns Fragen zu stellen. Die Schüler sollten wissen, dass das in Ordnung ist und sogar gerne gesehen wird. Wenn wir eine vertrauensvolle und sichere Atmosphäre geschaffen haben, werden sie kein Problem haben, zu fragen, sobald sie irgendetwas nicht ganz verstanden haben oder wenn sie bestimmte Techniken, Konzepte oder Stücke lernen wollen. „Ich brauche Hilfe dabei, diesen Rhythmus zu verstehen / diese Noten mit Zungenstoß zu spielen / den richtigen Fingersatz für diese Passage zu finden / die Melodie richtig zu singen ..."; „Jetzt, wo ich Stufe 3 bestanden habe, bin ich so weit, dass ich Rachmaninows drittes Klavierkonzert lernen kann ..." In einer der produktivsten Unterrichtsstunden, die ich je miterlebt habe, stellte der Schüler ständig sehr angemessene Fragen. Der Lehrer hatte Spaß daran, sie zu beantworten. Genauso können Sie auch die Schüler dazu anregen, nach einer Woche mit einigen Fragen wiederzukommen, die ihnen beim Üben gekommen sind.

Eine gesunde Mischung aus Lehrer- und Schüler-geführten Fragen und Antworten ist sehr wichtig.

Üben heißt Fragen stellen

Auch die Kunst des Übens hat sehr viel damit zu tun, die richtigen Fragen zu stellen. Im Grunde sollten sich die Schüler ständig selbst Fragen stellen, denn sie sind von zentraler Bedeutung für die Problemlösung, Kreativität und den generellen Fortschritt: „Was sollte ich als nächstes tun?"; „Welchen Klang möchte ich hier haben?"; „Habe ich diesen Rhythmus wirklich verstanden?"; „Ist die Note richtig?"; „Kann ich diese Elemente verwenden, um ein Stück damit aufzubauen?"; „Habe ich genug Ausdruck in diese Phrase gelegt?" Solche Fragen bringen Schüler dazu, kritisch, kreativ und unabhängig zu denken. Genau darum geht es beim Üben.

9 Den Masterplan aufstellen

Virtuose Lehrer werden vor allem von einer Sorge umgetrieben – tun wir das Beste für unsere Schüler?

Daraus leiten sich zwei sekundäre Sorgen ab: Wissen wir, was unsere Schüler wollen? Und wie passen diese Wünsche einerseits zu unseren eigenen Überzeugungen und andererseits in die große weite Welt der Musik?

Wenn wir uns diese Fragen beantwortet haben, können wir darangehen, einen *Masterplan* zu entwickeln – in der Hoffnung, dass wir ihn richtig aufstellen, mit dem Ziel, jeden unserer Schüler in die Lage zu versetzen, für den Rest seines Lebens aktiv Musik zu machen, in welcher Form und auf welchem Niveau auch immer.

Der Masterplan ist das große Ganze. Bislang haben wir uns mit den Details der Prozesse im Unterricht befasst. Wir haben uns um die kurzfristige, mittelfristige und langfristige Planung Gedanken gemacht.

Aber was ist der eigentliche Kern unserer Unterrichts-Philosophie? Bevor wir damit beginnen, den Masterplan aufzustellen, müssen wir uns mit einer Frage beschäftigen, die sehr großen Einfluss auf unsere Tätigkeit hat:

Prozess oder Resultat?

Ein *Resultat* ergibt sich am Ende eines *Prozesses*. Hier einige Resultate, die Musiklehrern sehr geläufig sein dürften:

- Prüfungsergebnisse – von den grundlegenden Instrumental- und Gesangs-Stufen und ihren Äquivalenten bis hin zu akademischen Examina und professionellen Qualifikationen
- Formelle Beurteilungen
- Wettbewerbe
- Konzerte
- Perfekte Beherrschung des Instruments oder der Stimme

Und ja, leider ist auch dies ein Resultat und muss auf unserer Liste genannt werden:

- Beendigung des Unterrichtsverhältnisses. Unter Umständen betrifft das nur den Unterricht, nicht notwendigerweise das Musikmachen überhaupt. Aber bei (zu) vielen Schülern ist es leider so, dass sie mit dem Ende des Unterrichts die Musik insgesamt aufgeben.

Diese Resultate haben alle etwas gemeinsam (vielleicht mit Ausnahme des letzten): Sie alle erzeugen *Stress* auf verschiedenen Ebenen. Daher ist es ziemlich beunruhigend zu beobachten, dass wir in einer Welt leben, in der Resultate eine so große Rolle spielen. Einer Welt, in der die Ergebnisse oft alles sind, was zählt.

Das wäre in Ordnung, wenn sie Teil eines gut strukturierten (und flexiblen) Plans wären. Aber hier genau liegt unser Problem: Das sind sie meistens nicht. Der Plan wird oft verworfen, weil anscheinend ständig der Druck existiert, die Dinge früher, schneller, bis morgen, sofort zu schaffen ... Anstatt zuzulassen, dass sie ihren natürlichen Lauf nehmen und sich organisch und uneingeschränkt nach ihrem eigenen Zeitmaß entwickeln. Das nämlich wäre eine Welt, die sich mehr mit dem *Prozess* auseinandersetzt und sich daran orientiert.

Wenn Dinge schieflaufen, ist es nur zu einfach, die Schuld abzuwälzen: „Ich dachte, mein Schüler wäre so weit, aber er hat nicht hart genug daran gearbeitet", „Die Prüfung kam zwei Wochen früher als erwartet", „Niemand hat mir von dem Konzert erzählt". In all diesen Fällen ist es der *Prozess*, der beeinträchtigt wird.

Ich kenne eine traurige Geschichte von einem Mann, der unbedingt Kammermusik mit seinen Freunden machen wollte. Er fing erst nach seiner Pensionierung an, Fagott zu lernen, war aber ein Perfektionist, und merkte, dass ihm das Üben keinen Spaß machte. Allein der Gedanke an das Ziel, nämlich endlich mit seinen Freunden zusammen spielen zu können, ließ ihn viele Stunden unangenehmer, harter Arbeit ertragen. Aber er wollte einfach nicht bei ihnen mitspielen, solange er das Gefühl hatte, technisch nicht gut genug zu sein – obwohl seine Freunde ihn gerne jederzeit dabei gehabt hätten. Und was passierte? Er starb. Er hatte keinen Spaß am Prozess, der eigentlich das Wesentliche ist, und lebte nicht lange genug, um das von ihm so herbeigesehnte Resultat genießen zu können.

Resultate sind zweifellos wichtig, wir sollten jedoch versuchen, den Prozess als die wichtigere der beiden Kategorien anzusehen. Das ist nicht immer einfach und kann mitunter ein sehr steiniger Weg sein, aber das ist es wert. Das heißt, dass der Lernprozess stets eigenständig, ausgeklügelt, dynamisch, gehaltvoll und unterhaltsam sein muss, befriedigend und lohnend. Von Zeit zu Zeit wird er auch auf bestimmte Resultate aus sein (und wenn diese angemessen sind, werden sie auch Spaß machen und nur ein überschaubares Maß an Stress verursachen), doch die Resultate dürfen niemals der dominierende Part sein und zur Triebkraft werden.

Aber – höre ich einige sagen – die Resultate sorgen doch für das allerwichtigste: die *Motivation*! Tatsächlich ist es aber so, dass für die meisten Menschen die beste (und gesündeste) Motivation aus einer tief empfundenen Freude am Prozess erwächst, und nicht aus dem Druck, ein Resultat erzielen zu müssen. Der eigentliche Sinn und Zweck des Lehrens und Lernens von Musik ist es, eine lebenslange Leidenschaft für sie zu erwecken und zu ermöglichen, sie eigenständig auszuüben. Eine Abfolge von stresserzeugenden Prüfungen ist nicht der beste Weg, das zu erreichen.

Wie erzeugen wir also eine derartige prozessgesteuerte Lern-Erfahrung? Indem wir den Lehrplan sorgfältig an jeden Schüler individuell anpassen. Die meisten unserer Schüler wünschen sich, ihr Instrument oder ihren Gesang gut zu beherrschen; sie wollen Musik spielen oder singen, die sie kennen und mögen; sie wollen mit Gleichgesinnten zusammen musizieren; und sie wollen die unendliche und wundervolle Welt der Musik entdecken und auf ihrem jeweiligen Niveau daran teilhaben können. Einige von ihnen möchten selbst professionelle Musiker oder Musiklehrer werden. Sie müssen sicherlich mehr Prüfungen absolvieren als andere, aber auch für sie sollte der Lernprozess absolut erfüllend sein. Wenn es jedoch nur noch darum geht, sich von einer stressigen Prüfung zur nächsten zu hangeln, wird die Psyche des Schülers Schaden nehmen.

Der von uns gewählte Lehrplan ist demnach äußerst wichtig. Zunächst sollte der Lernprozess, den wir für Anfänger einsetzen, voller Phantasie, Spaß und Freude sein. Wenn Schüler über das Anfängerstadium hinaus sind, muss der Lehrer sich vorsehen, nicht durch einen plötzlichen Kurswechsel alles zu verderben, zum Beispiel, indem er den Lehrplan plötzlich nur noch an Prüfungsinhalten ausrichtet. Allerdings sollten die Schüler auch nicht „nur zum Spaß" spielen dürfen, ohne Herausforderungen und ohne nennenswerte technische und musikalische Fortschritte. Sich entwickelnde Musiker können oft viel mehr, als wir ihnen abverlangen. Man muss nur phantasievoll sein und offen bleiben. Was tun wir also? Wie können wir erfüllend und gleichzeitig zielgerichtet unterrichten? Und wie können Lehrer, die gerne Prüfungen anstreben, diese vernünftig und produktiv einsetzen?

Ein Freund von mir rief kürzlich den Trompetenlehrer seines Sohnes an: „Simon möchte keine weiteren Prüfungen mehr machen." „Oh", erwiderte der Lehrer erschüttert, „was will er denn sonst machen?"

Ein eigenes Programm aufbauen

Bitten Sie Ihre Schüler, aufzuschreiben, was sie an ihrem Instrumentalspiel lieben. Ich habe meine eigenen und die Schüler anderer Lehrer gefragt. Unter den vielen gesammelten Antworten waren folgende:

- Es macht Spaß, neue Stücke zu lernen.
- Musik beruhigt mich.
- Ich liebe Herausforderungen.
- Ich mag meinen Musiklehrer.
- Ich mag den Klang gerne.
- Es sieht toll aus.
- Es hilft mir bei meinem Asma (sic!).
- Ich mag es, komplexe Stücke spielen zu können.
- Das macht mir Spaß.
- Stücke erfinden.
- Ich find's gut, besser zu werden.
- Ich liebe die Stücke, die ich singe.
- Wenn ich Musik höre, fühle ich mich richtig gut.
- Mit meiner Klarinette gehöre ich zu anderen Gruppen dazu, das finde ich toll.
- Ich hab das Gefühl, etwas geschafft zu haben, wenn ich etwas Schwieriges spielen kann.
- Ich liebe es, auf Sachen draufzuschlagen.

- Es ist für mich ein guter Ausgleich zur langweiligen Arbeit!
- Ich liebe es, meiner Familie etwas vorzuspielen.
- Die Stücke zu spielen, nachdem ich sie gelernt habe.
- Konzerte zu spielen.
- Meinen witzigen Lehrer.

(Es überrascht nicht, dass kein einziges Kind schrieb: „Um Prüfungen zu bestehen".) Sehen Sie sich die Antworten Ihrer Schüler genau an. Sie könnten Ihnen gute Ideen liefern.

Kinder lieben es allerdings auch, auf besondere Gelegenheiten hinzuarbeiten. Deswegen brauchen wir *doch* viele solcher Veranstaltungen. Sie müssen jedoch genau kontrolliert und leicht zu bewältigen sein, und idealerweise etwas, auf das die Kinder sich freuen. Stück für Stück können wir so auch größere (und vielleicht etwas schwierigere) Veranstaltungen ganz natürlich in den Prozess einbauen. Diese kleineren Anlässe sollten regelmäßig stattfinden und sollten ein wichtiger Teil unseres natürlichen Plans sein. Allmählich fügt sich alles zusammen.

Der rote Faden unseres reichen und erfüllenden Lehrplans oder Curriculums besteht darin, *eine Menge* Repertoire zu lernen mithilfe *einer Menge* interessanter Arbeit an den einzelnen Elementen. Improvisieren und Komponieren sind wichtige und beständige Bestandteile des Prozesses, nebenbei werden Spieltechniken und das Notenlesen verbessert. Stücke werden regelmäßig wiederholt, damit die Schüler sich ein eigenes Repertoire aufbauen können und immer in der Lage sind, der Oma spontan etwas vorzuspielen, oder für ein Konzert auch kurzfristig etwas parat zu haben. (Sind Ihnen nicht auch schon oft junge Musiker begegnet, die auf Anfrage nicht mal ein einziges Stück ad hoc spielen konnten?)

Während wir dieses Repertoire aufbauen, werden wir merken, welche Art von Musik der Schüler gerne mag. Wir werden uns bemühen, diese Vorliebe bei unserer Auswahl zu berücksichtigen, ebenso wie alle Genres und Musikstile, die wir selbst mögen oder für eine umfassende musikalische Ausbildung für relevant halten.

Gelegentlich können wir die Schüler auch mit eigenen interessanten Projekten betrauen, an denen sie Spaß haben. Eine mögliche Aufgabe wäre zum Beispiel, bestimmte Dinge über das Instrument oder über die Stücke herauszufinden, die sie gerade lernen, oder über Komponisten, von denen sie gerade etwas spielen oder singen. Einige Schüler werden sich sogar gerne mit dem Warum und Wozu der Musiktheorie beschäftigen! Warum wird der Violinschlüssel so genannt? Wie entstand das System mit den fünf Notenlinien?

Die Schüler können sich die Stücke, an denen sie arbeiten, auch online anhören, oder sogar ihre eigenen Aufführungen hochladen.

Ein wichtiger Teil unseres eigenen Lehrplans ist es, den Schülern möglichst viele Gelegenheiten zu verschaffen, etwas aufzuführen oder im Ensemble zu spielen. Das kann bedeuten,

- ein Stück im Unterricht aufzuführen (unter Umständen, wenn wir das wollen, als Test für eine vorher verabredete Prüfung), oder bei einem Schulkonzert, einer Versammlung, einer Feier oder einer anderen Gelegenheit,
- sich mit einem Freund zu treffen, um an einem Duett zu arbeiten und es aufzuführen,
- in einem Ensemble mitzumachen, das gelegentlich auftritt,
- eine Audio- oder Video-Aufnahme zu machen, um sie online zu stellen oder einem entfernten Verwandten zuzuschicken.

Do-it-yourself-Prüfungen

Wenn der Gedanke an eine Prüfung die Schüler motiviert, die existierenden Standardprüfungen aber für sie nicht geeignet scheinen, entwickeln Sie doch Ihre eigenen! Und zwar so:

Besprechen Sie zunächst mit Ihren Schülern die Idee einer „Prüfung einmal anders" – als gänzlich eigenständiges Projekt. Schüler und Lehrer entwickeln sie gemeinsam, so dass das Ganze sehr individuell, nützlich und sinnvoll ist – und Spaß macht.

Gehen Sie zunächst die folgenden Fragen durch:

- Wann soll die Prüfung stattfinden?
- Sollte sie schwierig sein oder eher einfach? Aus welchem Grund?
- Wie viele Stücke oder Lieder? (Das können viele oder wenige sein.) Welche Stücke? Sollen vielleicht auch Eigenkompositionen des Schülers dabei sein?
- Irgendwelche Tonleitern? Welche wären von Nutzen? Wäre es gut, sie auf verschiedene Weisen zu spielen, mit Elementen, die in den Stücken vorkommen?
- Irgendwelche Techniken? Vielleicht Studien oder Übungen im Zusammenhang mit Elementen der Stücke?
- Wie wäre es mit etwas Vom-Blatt-Lesen? Vielleicht ein vom Blatt gelesenes Duett mit dem Lehrer oder einem anderen Schüler?
- Irgendwelche anderen Gebiete, zum Beispiel Gehörbildung? Warum könnte das wichtig sein? Welche Art von Gehörbildung könnte getestet werden und warum?
- Wie ist es mit historischen Hintergründen oder Theorie?
- Ensemblestücke?

Überlegen Sie dann, wie die Prüfung organisiert werden soll:

- Sollte die ganze Prüfung auf einmal stattfinden?
- Wäre es besser, die einzelnen Elemente auf verschiedene Termine zu legen?

Wie soll die Prüfung bewertet werden?

- mit Schulnoten?
- nach Stufen?
- Vielleicht wird auch nur bewertet, wie viel Spaß es gemacht hat, sie vorzubereiten ...

Wer beurteilt die Prüfung?

- Die Prüfungen könnten durch den Schüler selbst beurteilt werden (entweder alleine oder zusammen mit dem Lehrer). In einem Gruppenunterricht könnten andere Mitglieder der Gruppe die Rolle des Prüfers übernehmen.
- Bei Schülern, die es gerne etwas förmlicher haben, könnte der Lehrer die Beurteilung abgeben. Wenn auch andere Lehrer verfügbar sind und die Idee gut finden: Warum nicht mal tauschen, so dass jeder die Schüler des anderen prüft?
- Bei Schülern, die es gerne noch förmlicher haben, könnte der Schulleiter gefragt werden, die Prüfung abzunehmen.

Und schließlich:

- Hätte der Schüler gerne eine Belohnung am Ende der Prüfung? Ein Zertifikat? Oder etwas anderes?

All diese Überlegungen tragen dazu bei, dass die Schüler das Ganze wirklich als ihr eigenes Projekt ansehen. Wenn Sie so etwas in Ihren Lehrplan einbauen, können Sie den Effekt beobachten, den es auf die Arbeit der Schüler in der Vorbereitungszeit hat. Einige meiner Do-it-yourself-Prüfungen hatten eine merkliche fokussierende und motivierende Wirkung.

Staatliche Prüfungen oder Wettbewerbe von Zeit zu Zeit einzustreuen, ist äußerst nützlich. Wenn die Schüler dazu bereit sind und die nötigen Elemente gut beherrschen, ist es Zeit, sie dafür anzumelden. Einige Schüler brauchen wahrscheinlich solche Examina als Teil eines breiteren Ausbildungsplans. Das ist auch ganz richtig so – sorgen Sie nur dafür, dass die Vorbereitung das richtige Tempo hat und sich als Teil eines größeren Gesamtplans ganz natürlich ergibt.

Ein persönliches Dossier

Ermuntern Sie die Schüler, ihre musikalischen Leistungen zu dokumentieren, entweder auf Papier oder als Datei. So können sie mit eigenen Augen die Entwicklung ihrer eigenen musikalischen Persönlichkeit verfolgen. So etwas kann enthalten:

- Gelernte Stücke und wie die Schüler sie fanden
- Eine Liste aller Aufführungen und wie sie geklappt haben
- Kommentare zu Improvisationen (vielleicht können diese auch als Audio- oder Video-Datei aufgenommen werden)
- Gehörte Stücke (auf Aufnahmen oder von Freunden gespielt)
- Abgeschlossene Projekte
- Eigene Kompositionen

- Gesammelte Fotos (zum Beispiel von den Schülern beim Spielen, berühmten Musikern, dem Instrument usw.)
- Beiträge des Lehrers

Zum einen kreieren die Schüler auf diese Weise ein Dokument, auf das sie stolz sein können, und das eine wertvolle und langfristige Darstellung der musikalischen Entwicklung der Schüler ist, zum anderen wäre so etwas äußerst hilfreich für einen neuen Lehrer oder eine neue Lehrerin, als umfassendes Porträt seines oder ihres neuen Schülers.

Die Ideen für einen Masterplan in die Praxis umzusetzen, ist weder schwierig noch kompliziert. Es geht einfach darum, sich genauer bewusst zu machen, was wir tun und warum wir es tun. Es geht um das Bewusstsein dafür, dass das von Bedeutung ist, was wir *jetzt*, in diesem Moment, tun. Wenn wir eine Tonleiter beibringen, lassen Sie uns das mit allen Sinnen tun, freuen wir uns an ihren Klängen, dem Fingersatz, dem Gefühl beim Spielen. Es kommt nicht darauf an, dass das, was wir da tun, vielleicht auf ein fernes Ziel hinarbeitet, eine Prüfung oder ein Examen. Wichtig ist, dass wir uns engagiert auf den Moment des Tuns einlassen, dass wir den Prozess genießen – und uns keine Sorgen um das Resultat machen. Die Gegenwart ist die Saat der Zukunft. Diese Saat muss immer mit größter Sorgfalt eingepflanzt werden. Die Resultate wachsen dann schon von selber. Wenn wir glückliche, motivierte und leistungsbereite Schüler haben, wissen wir bereits, dass unser Masterplan funktioniert.

10 Der Ärger mit dem Üben

Üben ist etwas, auf das sich alle Musiker eigentlich freuen sollten. Trotzdem ist es für allzu viele Musiker ein echter Kampf, sich dazu durchzuringen. Niemand von uns hasst das Üben automatisch von Geburt an – eine solche Aversion ist kein Naturinstinkt. Doch irgendwann kommt der Punkt, an dem das Üben einen negativen Beigeschmack erhält.

Trotzdem ist Üben eminent wichtig, und oft ist es so, dass die Schüler, wenn sie erst einmal Spaß daran haben, Feuer und Flamme sind. Können wir also den üblichen Ablauf nicht ändern? In diesem Kapitel befassen wir uns genauer mit dem Üben und mit Methoden, um das Üben von Langeweile, Beklemmung oder Angst zu befreien.[20] Virtuose Lehrer müssen ihre Schüler so unterrichten, dass sie gar nicht auf den Gedanken kommen, Üben könnte unangenehm oder langweilig sein oder etwas, was man nicht freiwillig macht.

Natürlich gibt es Schüler, die wirklich gerne üben – schon seit ihren allerersten Unterrichtsstunden. Solch glückliche Individuen, die im Laufe der Zeit an die 10.000 Stunden engagierten Übens absolvieren, werden oft selbst professionelle Musiker oder Musiklehrer. Mit denen brauchen wir uns hier nicht zu befassen (obwohl wir sie natürlich ebenfalls sehr einfühlsam behandeln müssen) – es geht um die anderen.

Während der regulären Unterrichtsstunden steht uns nur begrenzt Zeit für die Arbeit mit unseren Schülern zur Verfügung. Die Zeit zwischen den Stunden, in der sie alleine arbeiten, ist eigentlich das Entscheidende. Was das Üben angeht, ist deshalb das Haupt-Anliegen des virtuosen Lehrers, die Schüler dazu zu bringen, nach Hause zu gehen und üben zu *wollen*. Und es regelmäßig zu tun (wobei es gar nicht so darauf ankommt, wie viel es ist).

Wie Üben zum Schimpfwort wird

Am Anfang des aufregenden Weges, ein Instrument oder Gesang zu lernen, ist Üben kein Problem. Anfänger lieben es normalerweise. Aber wenn diese Anfangs-Euphorie verblasst, wird Üben für viele mehr und mehr zu einer Last. Dafür gibt es eine Reihe von Gründen.

Es geht nicht so schnell wie erwartet. Viele Schüler erwarten, dass sie viel schneller Fortschritte machen, als es tatsächlich der Fall ist. Dann wird alles ziemlich frustrierend. Wenn die technischen Fortschritte auf der Prioritätenliste des jeweiligen Lehrers sehr hoch angesiedelt sind, wird es erst recht schwierig.

20 Für eine detaillierte Abhandlung des Themas Üben vgl. Paul Harris: *Die neue Leichtigkeit des Übens* (Edition Peters & Faber Music).

Zeit-Management. Viele junge Leute haben im Laufe einer Woche sehr viel zu tun. Sie brauchen deshalb Hilfe und Anleitung, wie sie regelmäßiges Üben in ihren Tagesablauf einbauen können. Eine gängige Vorstellung ist, dass eine Übe-Einheit mindestens 30 Minuten dauern sollte. Das wäre wünschenswert (noch schöner wäre eine ganze Stunde), aber zehn Minuten – und dann regelmäßig – sind auch in Ordnung. Selbst fünf Minuten sind besser als gar nichts.

Angst vor Versagen und Kritik. „Man kann von mir nicht erwarten, dass ich gut spiele, wenn ich nicht geübt habe." Wenn sie nicht üben, haben Schüler (ihrer Meinung nach) eine gute Begründung für ihr unzureichendes Spiel. „Mein Lehrer ärgert sich vielleicht, weil ich nicht gut spiele, aber das zählt nicht, weil ich ja nicht geübt habe." Das ist eine sonderbare Logik, aber nachvollziehbar. Ein solches Denken wird oft von Lehrern verursacht, die zu viel verlangen und zu ergebnisorientiert sind.

Langeweile. Für viele wird Üben schnell langweilig – das müssen wir verhindern. Wie viel üben *Sie* denn? Ihre eigenen Übungen mit Elan anzugehen, ist ein guter Anfang, zumal Sie eine Vorbildfunktion einnehmen. Wie Lehrer üben, betrachten wir im nächsten Kapitel genauer. Wie überzeugen wir also die Schüler, dass Üben nicht langweilig ist? Indem wir alles dafür tun, es *interessant zu machen*. Lehrer greifen für das Üben oft auf Anregungen zurück, die sie selbst übernommen und immer und immer wieder aufbereitet haben. Wenn das funktioniert – gut. Aber wenn nicht, sollten wir das Ganze überdenken. Einige engagierte Schüler werden tatsächlich ihre Stücke und Tonleitern üben, sich um den richtigen Fingersatz und genauen Rhythmus kümmern und auf ihren Klang achten. Wenn Eltern dabei sind und das Üben unterstützen, wird der Erfolg wahrscheinlicher. Aber wenn Schüler offensichtlich nicht alleine zurechtkommen und auch keine Eltern dabei sind – und das ist der Normalfall –, dann müssen wir alternative, anregendere und phantasievollere Aufgaben geben. Wir sollten das im Grunde *immer* tun.

„Langeweile" kann auch ein Euphemismus für Unsicherheit sein. Wenn die Schüler nicht genau wissen, was sie eigentlich machen sollen, werden sie kaum die Energie aufbringen, ihr Instrument aus seinem Koffer zu holen oder den Klavierdeckel zu öffnen. Wie werden sich die Schüler fühlen, wenn sie zuhause mit einem Rhythmus konfrontiert sind, den sie schon im Unterricht nicht verstanden haben? Solch fehlendes Verständnis führt dazu, dass sie keine Lust haben zu üben. Und Lustlosigkeit führt schnell zu Langeweile. Wenn andererseits der Unterricht effektiv ist, wenn die Schüler begreifen, was sie tun und was von ihnen erwartet wird, dann kann Langeweile vermieden werden.

Faulheit ist normalerweise ein Symptom: Menschen sind selten faul, wenn es um etwas geht, das sie sehr gerne tun. Wir müssen deshalb etwas tiefer graben und die Ursachen für die Faulheit herausfinden: Häufig sind das Langeweile, mangelndes Verständnis oder Versagensängste.

Freiheit statt Einzelhaft

Üben muss ganz einfach Spaß machen. Ja, Üben kann und wird oft schwere Arbeit sein, aber schwere Arbeit kann auch ein Vergnügen sein. Eine Übe-Sitzung muss ihre eigene Energie und ihren eigenen *Flow* entwickeln. Wenn wir mit den Schülern ihre

Übungen besprechen, müssen wir dafür sorgen, dass sie beim Üben positiv bleiben, möglichst mit musikalischem Ausdruck spielen und nicht darauf fixiert sind, nur Fehler zu korrigieren. (Wenn effektiv nach dem Simultanen Lernen gearbeitet wurde, sollten ohnehin nur wenige Fehler vorkommen!) Wir müssen ihre Phantasie anregen, so dass sie von ihrer eigenen Kreativität angespornt werden. Und wir dürfen nicht zu viel vorschreiben – Üben muss in einem Geist der Freiheit stattfinden. Einer meiner Verwandten wurde als Kind buchstäblich zum Üben in einen Raum eingesperrt. Seine Verbitterung über diese Behandlung hat er nie vergessen; er gab das Geigenspiel auf. Heute noch ist er darüber verbittert, dass aktives Musizieren nicht zu seinem Leben dazugehört. Keiner unserer Schüler darf jemals das Gefühl haben, dass Üben in irgendeiner Weise mit Freiheitsentzug zu tun hat – mental oder physisch.

Fragwürdige Dogmen

Wir müssen nach Möglichkeit vermeiden, dass Üben jemals eine monotone Routine wird. Es gibt drei Glaubenssätze, die häufig als zentrale Punkte für ein effektives Üben gelten:

- Schicke die Schüler mit einer sehr spezifischen To-do-Liste nach Hause.
- Zum Üben gehören viele Wiederholungen.
- Fehler müssen immer sofort verbessert werden.

Wenn diese Dogmen allzu stur befolgt werden, werden sie Probleme verursachen.

To-do-Liste. Der erste Punkt wird wahrscheinlich Beklemmung hervorrufen („Ich hab nicht alles geschafft, was mein Lehrer mir aufgegeben hat.") Die Hausaufgabenhefte der Schüler sind oft überfüllt mit viel zu vielen Dingen, die die Lehrer geübt haben wollen. Hier müssen wir unsere Übe-Aufgaben sorgfältiger formulieren und (in echter Simultanlern-Manier) die Verbindungen zwischen verschiedenen Elementen berücksichtigen, um effektives Lernen zu bewirken. Ein klarer Fall von „weniger ist mehr". Versuchen Sie stets, weniger aufzugeben – das Wenige wird dafür sorgfältiger erledigt, wodurch die Arbeit letztlich erfolgreicher ist. Und dann können wir hoffen, dass die Schüler, von diesem Erfolg beflügelt, sogar noch etwas mehr machen, *weil sie es wollen*. Wenn Schüler gut vorankommen und sich an ihrem Fortschritt freuen, besteht die Wahrscheinlichkeit, dass sie nach weiteren Erfolgserlebnissen streben werden. Es ist eine langfristige Strategie, die den Schülern ganz allmählich mehr Ausdauer, Selbstbewusstsein, Verantwortungsgefühl und Selbst-Motivation vermitteln.

Wiederholungen. Obwohl es zweifellos notwendig ist, führen viele Wiederholungen beim Üben mit Sicherheit zu Langeweile, besonders wenn ohne guten Grund darauf bestanden wird oder es über die Maßen gefordert wird. Auf der anderen Seite ist es ein großer Erfolg, wenn die Schüler repetitives Üben (beispielsweise eine bestimmte Phrase oder ein technisches Detail immer wieder zu spielen) *von sich aus wollen*! Wenn wir die Schüler dazu bringen können, repetitives Üben als etwas zu betrachten, mit dem sie ein technisches Problem meistern können, das sie bewältigen *wollen* – weil sie nämlich dann etwas spielen können, das sie unbedingt spielen wollen – dann haben wir einen echten Durchbruch erzielt.

Fehler korrigieren. Schüler, die gewissenhaft nach dem Prinzip des Simultanen Lernens unterrichtet wurden, werden idealerweise kaum Fehler machen. Sie werden verstehen, was sie tun, sich manchmal auf bestimmte Elemente oder Abschnitte konzentrieren und vielleicht an speziellen technischen Schwierigkeiten arbeiten. Ab und zu werden sie eine ganze Passage, einen Abschnitt oder ein ganzes Stück durchspielen wollen. Wir müssen sie ermutigen, genau das zu tun: Nicht anzuhalten, um Fehler zu korrigieren. Fehler sich merken, ja, aber die Korrektur später machen. Die Schüler sollen sich daran freuen, fließend spielen zu können, und die musikalische Erfahrung genießen. Sich auf Fehler zu konzentrieren, unterbricht diesen Fluss.

Wenn die Schüler stoppen, um an einem Problem zu arbeiten, müssen wir ihnen zeigen, wie sie das auf positive und kreative Weise tun können. Negative Gedanken sind verboten! Kein Ärger. Keine Frustration. Nur positives Darüber-Nachdenken, warum es zu dem Fehler gekommen ist. Und wenn die Detektivarbeit erledigt und der Grund für den Fehler demaskiert ist, gehen Sie kreativ mit ihm um: Erforschen Sie ihn, experimentieren und variieren Sie – mit Elan und aus verschiedenen Richtungen. Wenn eine Lösung gefunden wurde, gehen Sie zu etwas anderem über und kommen dann später noch einmal darauf zurück. Bringen Sie den Schülern bei, nicht frustriert zu sein, wenn ein Problem eine Weile braucht, bis es vollständig gelöst ist, oder wenn es beim nächsten Üben womöglich schlechter geworden ist. Bleiben Sie positiv und geduldig, es wird schon wieder vorangehen.

Was Üben sein *sollte*

Vom Üben hat man häufig eine zu eng gesteckte Vorstellung. „Ich werde ein bisschen üben“ wird oft gleichgesetzt mit „Ich werde das Stück durchspielen (oder durchsingen) und Fehler korrigieren.“ oder „Ich werde versuchen, diese Tonleiter zu lernen, obwohl ich keine Lust dazu habe.“ Sorgen wir dafür, dass unsere Schüler vollständig von solchen entmutigenden Assoziationen mit dem Üben wegkommen. Üben sollte eher als etwas Fließendes, Flexibles und sich ständig Veränderndes wahrgenommen werden. Es muss die sich permanent verändernden Wünsche und Stimmungen unserer Schüler berücksichtigen, ihr Alter und ihr Wachstum – an Größe, Emotionen und intellektuellen Fähigkeiten. Üben wird durch Phantasie beflügelt. Es muss kreativ und anregend sein und Spaß machen.

Wenn wir unter Üben hauptsächlich verstehen, dass die Schüler sich zuhause auf die eine oder andere Weise *verbessern* sollen bzw. als Hauptzweck des Übens die technische Weiterentwicklung betrachten, dann säen wir unter Umständen (unabsichtlich) den Keim einer Unzufriedenheit, gegen die wir, wenn sie erst mal Wurzeln geschlagen hat, nur sehr schwer etwas tun können. Der Grund für diese Unzufriedenheit liegt darin, dass das Üben dann allmählich, und oft von Eltern und Lehrern unbemerkt, mit Stress verbunden wird. Wir müssen den Stress aus dem Üben heraushalten.

Das Üben von Stress befreien

Anfänger lieben es in der Regel zu üben. Alles ist neu und aufregend. Es gibt schnelle und spürbare Fortschritte. Wenn es dann aber schwieriger wird, müssen wir alles daransetzen, dass diese Freude am Spiel nicht verloren geht. Dabei gibt es einiges zu bedenken:

- Achten Sie sehr genau darauf, dass die Schüler wirklich verstehen, woran sie beim Üben arbeiten sollen. Wenn sie sich nicht sicher sind, werden sie davor zurückschrecken.

- Ermöglichen Sie ihren Schülern, mitzubestimmen, woran sie gerne arbeiten wollen.

- Versuchen Sie, die Erwartungshaltung auf die Schüler zu übertragen – sie werden das am besten üben, was *sie selbst* üben wollen, nicht das, was der Lehrer geübt haben will.

- Lassen Sie verschiedene Übe-Intensitäten zu. Wenn Schüler voller Elan sind, kann das Üben sehr zielorientiert sein, und sie werden intensiv an neuen Stücken und Elementen arbeiten. Aber auch weniger intensives Üben – nur Lieblingsstücke durchspielen oder interessante Improvisationen machen – ist in Ordnung.

- Laden Sie den Schülern nicht zu viel Arbeit auf, sei es quantitativ oder qualitativ. Zum Beispiel wollen wir natürlich, dass die Schüler beim Üben alle Vier Ps (siehe Seite 12) abhaken – aber es müssen ja nicht unbedingt alle gleichzeitig sein. Wenn sie sich auf die Klangerzeugung konzentrieren, macht es nichts, wenn der Rhythmus nicht immer exakt ist. Arbeiten sie gerade an der Haltung oder einem bestimmten technischen Aspekt, müssen sie nicht unbedingt auch mit bestmöglichem Klang spielen oder sich um die Phrasierung oder musikalische Ausgestaltung kümmern. Am Ende wird schon alles zusammenkommen – lassen wir den Dingen Zeit.

Neben einem offeneren Übe-Konzept brauchen wir auch ein verlässliches Gespür dafür, was wir realistischerweise von einem Schüler erwarten können.

Die Drei Stadien des Übens

Das Konzept der *Drei Stadien des Übens* ist ein sehr offenes Konzept, das jedoch dabei helfen kann, Übungen effektiver anzusetzen. Die Grenzen jedes *Stadiums* sind unscharf, und die drei Stadien verlaufen nicht notwendigerweise chronologisch (deshalb ein „offenes" Konzept). Es sind im Einzelnen:

Der Anfänger ⟷ Der sich entwickelnde Musiker ⟷ Der Experte

Der Anfänger repräsentiert das **Erste Stadium** des Übens. Allgemein gesprochen, sollten Anfänger *nur Dinge üben, von denen sie bereits wissen, wie sie sie machen müssen.* Die Erklärungen zu dem, was sie zuhause üben sollen, müssen sehr präzise sein. Und man sollte ihnen eine Menge Vorlagen an die Hand geben, so dass sie wissen, wie es richtig ist. Die Erwartungshaltung sollte sehr offen sein, und Experimentieren, Ausprobieren und Improvisieren stehen sehr stark im Vordergrund.

Das **Zweite Stadium** beginnt, wenn die Schüler so weit sind, dass sie auch schon Aufgaben bekommen können, die sie selbständig lösen müssen. Vielleicht bringen wir ihnen die erste Hälfte eines Stückes bei, und die zweite Hälfte ist ähnlich aufgebaut, so dass wir sie mit der Aufgabe nach Haus schicken können, ihr Wissen anzuwenden und die zweite Hälfte selbst zu erarbeiten. Wir müssen uns jedoch sicher sein, dass sie das auch können.

Im **Dritten Stadium** ist der Schüler zum Experten geworden. Experten brauchen keine Vorlagen mehr und können beispielsweise mit einem noch unbekannten Stück nach Hause gehen und dieses selbständig erlernen. Sie besitzen eine gute Einschätzung ihrer Stärken und Schwächen, ein Verständnis für die Beschaffenheit der Aufgabe und können sich selbständig eine Reihe von passenden Strategien zurechtlegen.

Die Drei Stadien folgen nicht notwendigerweise aufeinander. Einige Musiker zeigen in der Entwicklung vielleicht schon früh Experten-Tendenz in gewissen Bereichen (zum Beispiel in Bezug auf Ausdrucksfähigkeit, Tonleitern oder Klangqualität), sind aber auf anderen Gebieten noch im Anfängerstadium (Vom-Blatt-Lesen, spezielle Techniken, Rhythmusgefühl). Die meisten Experten befinden sich auf manchen Gebieten noch in der Entwicklung und auf einigen vielleicht noch im Anfänger-Stadium. Zu wissen, wie man die Schüler einordnet, hilft uns, ihnen die passenden Übungsaufgaben zu stellen.

Ein Übe-Menü

Es gibt einen ganze Reihe verschiedener Dinge, die ein Schüler beim Üben tun kann. Ein virtuoser Lehrer muss jedes davon zur richtigen Zeit einführen. Versuchen Sie jedoch, hierbei eine gewisse Routine zu etablieren: Kinder fühlen sich mit Routinen sicher.

- **Nachdenken** – jede Menge davon! Üben sollte immer damit beginnen, sich zu fragen: „Was will ich mit dieser Übe-Sitzung erreichen? Wie kann ich die Zeit effektiv nutzen?" Und etwas Denk-Arbeit wird auch dafür benötigt, den Erfolg des Übens zu bewerten und verfolgen.

- **Physische Warm-ups** – Wir sollten alle unsere Schüler daran gewöhnen, die Übe-Sitzung mit geeigneten körperlichen Aufwärm-Übungen zu beginnen, von denen wir überzeugt sind. Diese müssen ganz in Ruhe gemacht werden, damit sich körperliche Anspannungen so weit wie möglich lösen und eine gute Haltung trainiert wird. Der Kopf sollte klar werden und sich ruhig auf die Aufgabe konzentrieren, die anliegt.

- **Musikalische Warm-ups** – *ohne Noten.* Ebenso wie jede effektive Unterrichtsstunde sollte auch das Üben mit ein wenig Gehörbildung beginnen. Zum einen ist das ein sehr guter, sanfter Einstieg in die Übe-Sitzung, zum anderen schärft es das Ohr und das musikalische Empfinden. So kann der Schüler die verschiedenen Elemente, an denen er beim Üben arbeitet, besser durchdenken, sie erforschen und mit ihnen experimentieren.[21]

21 *Die neue Leichtigkeit des Übens* (Edition Peters & Faber Music) enthält zahlreiche phantasievolle und kreative Anregungen für das Üben.

- Sich mit dem Instrument auf die Musik einlassen – improvisieren und Elemente ausprobieren, Arbeit an der Technik, Stücke durch Simultanes Üben[22] lernen. Eifrige Schüler üben vielleicht fünf oder sechs Mal zwischen den wöchentlichen Unterrichtsstunden. Wir müssen ihnen detaillierte Hilfestellungen geben, wie sich das Üben während jeder Sitzung entwickeln könnte. Zum Beispiel könnten sie sich an jedem Tag auf einen anderen Abschnitt oder einen anderen Technik-Aspekt konzentrieren: Heute ist Dienstag, also Zungenstoß-Technik.

- **Musik hören** – online oder wo auch immer. Besonders natürlich Musik, die für die Stücke oder Lieder relevant ist, die die Schüler gerade lernen.

- **Projekte** – etwas recherchieren über das Instrument, den Komponisten, die verschiedenen Musikstile ...

- **Ein persönliche Dossier führen** (siehe Seite 70) – Das Dossier sollte mit Details der jüngsten musikalischen Aktivitäten auf dem neuesten Stand gehalten werden.

Wenn die Schüler all das tun (natürlich nicht alles in *jeder* Übe-Sitzung), besteht kaum Gefahr, dass das Üben zu einer monotonen Routine wird. Besonders bei Schülern, die sich im Zweiten Stadium des Übens befinden, in dem Langeweile, Lustlosigkeit und Aufgabe am häufigsten vorkommen, müssen wir unbedingt dafür sorgen, das Üben so abwechslungsreich, phantasievoll und unterhaltsam wie möglich zu gestalten.

Schüler, die nicht üben

> Eine mir bekannte Lehrerin ist immer sehr frustriert, wenn ein Schüler nicht geübt hat. Sie vergleicht ihn dann mit den anderen, die geübt haben, und das Ergebnis ist Verärgerung oder sogar Wut.

Einige Schüler üben so gut wie nie (aus welchem Grund auch immer), machen aber oft trotzdem, vielleicht überraschenderweise, einige Fortschritte (siehe Kapitel 12). Wenn wir einen oder mehrere Schüler haben, die *nie* üben, und bei denen auch alle Überredungskunst nichts fruchtet, müssen wir mit der Situation leben und das Beste daraus machen. Wenn solch ein Schüler zum Unterricht kommt und Spaß an der Musik hat, hat er immerhin ein positives musikalisches Erlebnis und macht eine Lern-Erfahrung. Und wenn wir für ein phantasievolles Simultanes Lernen sorgen, wird diese Erfahrung für beide Seiten konstruktiv und angenehm sein. Wenn wir unser Bestes gegeben haben, den Schüler zum Üben zu bewegen – wenn wir versucht haben, ihm das ganze Menü schmackhaft zu machen, und dennoch nichts geschieht, dann können wir nichts weiter tun. Ein Schüler, der nicht übt, bedeutet kein Versagen des Lehrers. Ein Schüler, der nicht übt, ist nicht notwendigerweise ein schlechter Schüler.

Wenn jedoch deutlich wird, dass ein solcher Schüler keinen Spaß am Unterricht hat (vielleicht besucht er ihn nur auf Druck der Eltern), dann müssen wir die Situation genauer untersuchen.

22 Siehe auch *Improve Your Teaching!* (Faber Music), Kapitel 5.

Der Eltern-Faktor

Es gibt natürlicherweise drei Parteien, die bei der Entwicklung jedes jungen angehenden Musikers involviert sind: der Schüler, der Lehrer und die Eltern. Schüler brauchen angemessene Unterstützung der Eltern. Wenn Sie *Amy Chuas* inspirierendes Buch *Die Mutter des Erfolgs*[23] (engl: *Battle Hymn of the Tiger Mother*) gelesen haben, wissen Sie, dass zu viel Druck eine Katastrophe auslösen kann. Aber Sie wissen auch, dass Kinder ganz ohne Druck wahrscheinlich unter ihren Möglichkeiten bleiben. Wir selbst haben nur sehr begrenzten Einfluss auf die Eltern und darauf, wie weit sie sich einbringen. Wenn sie engagiert sind, werden sie uns auf verschiedenste Arten unterstützen, sicherstellen, dass die Kinder zum Unterricht kommen, und die Rechnungen bezahlen. Unter Umständen gehen sie noch weiter und möchten beim Unterricht dabei sein. Das ist, solange es nicht stört, in Ordnung. Besonders Anfänger werden von einer solchen direkten Hilfe ihrer Eltern profitieren und sie gut finden.

Aber wenn die Schüler älter werden, können die Eltern aus einer gewissen Distanz heraus viel besser helfen. Zu geeigneter Zeit sollten die Eltern beginnen, ihre Kinder alleine üben zu lassen, dabei jedoch weiterhin ein aktives Interesse signalisieren. Sie können die Kinder z.B. fragen, ob sie ihnen Stücke, Lieder oder Tonleitern vorspielen, auch Etüden, Übungen oder einfach lange Töne! Und eine sanfte (unter Umständen auch eine etwas stärkere) Aufforderung zu üben kann oft nötig sein. Versuchen Sie jedoch herauszubekommen, ob die Eltern ihre Kinder aus den richtigen Gründen zum Üben anhalten.

Eine besondere Bitte

Üben ist wichtig. Für die meisten, wenn auch nicht für alle, ist Fortschritt ohne Üben unwahrscheinlich. Wenn wir als virtuose Lehrer anstreben, für alle unsere Schüler das Beste zu erreichen, sollten wir unsere tiefsitzende Erwartungshaltung an das Üben unserer Schüler unbedingt revidieren. Die Absicht dieses Kapitels war es, traditionelle Werte und Vorstellungen zu dem Thema in Frage zu stellen. Wie für alle Aspekte unserer Arbeit gilt auch hier, dass wir uns nie auf einem bequemen, althergebrachten, etablierten Ansatz ausruhen dürfen. Weil das Üben ein wirklich entscheidender Faktor für den Erfolg unserer Schüler ist, müssen wir uns wirklich äußerst intensiv damit beschäftigen.[24]

23 Amy Chua, *Die Mutter des Erfolgs: Wie ich meinen Kindern das Siegen beibrachte*, Deutscher Taschenbuch Verlag.

24 Siehe auch: *Die neue Leichtigkeit des Übens* (Edition Peters & Faber Music).

11 Müssen Lehrer üben?

Schüler sind oft ganz erstaunt, dass ihre Lehrer überhaupt üben müssen. „Sie sind doch Profi-Musiker – da brauchen Sie doch nicht zu üben!" Und manche Lehrer denken womöglich selbst: „Ich hab das Stück schon hundertmal unterrichtet – ich muss das nicht üben."

Bei Lehrern, die auch professionelle Musiker sind, ist Üben vermutlich etwas Selbstverständliches. Schwer arbeitende Vollzeit-Lehrer (oder auch Teilzeit-Lehrer) haben allerdings oft Schwierigkeiten, regelmäßiges Üben in ihrem vollen Stundenplan unterzubringen. Wir brauchen dafür sowohl Zeit als auch mentale Energie; oft mangelt es an beidem. Es liegt daher nahe, sich zu fragen, ob Üben die Zeit und den Aufwand wirklich wert ist. Schließlich kennen wir die meisten Stücke, die wir unterrichten, sehr gut. Es wird Sie sicher nicht überraschen, dass die Antwort auf diese Frage ein ganz klares *ja* ist – der Aufwand lohnt sich in jedem Fall!

Und zwar aus folgendem Grund: Wir müssen selbst die Erfahrung machen, wie sich ein Stück oder Lied physisch *anfühlt*, und uns Zeit nehmen, zu analysieren, welche Schwierigkeiten unsere Schüler damit haben könnten. Wir müssen alle darin enthaltenen Elemente im Kopf haben; wir müssen uns passende erklärende Metaphern überlegen und zurechtlegen; wir müssen Möglichkeiten und Gelegenheiten zur Improvisation finden; und vielleicht haben wir auch die Zeit und kreative Energie, einige nützliche oder witzige Übungen aufzuschreiben oder geistig vorzubereiten, die sich mit bestimmten Elementen im Stück befassen. Wir könnten auch ein passendes weiteres Stück mit ähnlichen Elementen heraussuchen, das sich zum Vom-Blatt-Spielen oder als Duett eignet. Und nicht zuletzt ist es äußerst wichtig, immer wieder auch selbst die schiere Freude zu verspüren, die es macht, ein Stück von Anfang bis Ende durchzuspielen bzw. zu singen.

Wenn wir auf diese Weise üben, ganz im Sinne des Simultanen Lernens, werden wir alle möglichen interessanten Verbindungen finden, die uns helfen, unseren Unterricht besser vorbereitet, lebendiger und relevanter zu gestalten.

Die Phantasie wecken

Wenn wir ein Stück üben, sollten wir versuchen, es mit den Augen, dem Verstand, der Erfahrung, dem Wissen und den Interessen des jeweiligen Schülers zu sehen, der es lernt. Widmen wir uns zunächst dem Charakter des Stücks. Wie können wir diesen am besten vermitteln? Hier ist es hilfreich, die Interessen des Schülers zu kennen. Für einen Fußballfan können wir uns alle möglichen Fußball-Metaphern ausdenken: Stell Dir diese Stelle mal vor wie einen Aufbruch zu einem Fußballspiel. Oder als ob Du von einem Fußballspiel zurückkommst, bei dem die eigene Mannschaft gerade gewonnen – oder verloren – hat. Dieser Akzent hier ist wie ein Schuss ins Tor. Spiel dieses Crescendo mal so, wie die Zuschauer klingen, wenn ihre Mannschaft ein Tor geschossen hat ...

Ein sanftes Stück könnte klingen, als ob man aufwacht und noch ganz verschlafen ist, oder als ob man ohne Ziel auf einem ruhigen See dahintreibt. Die Schüler werden fast immer auf ein lebhaftes oder witziges Bild reagieren. Diese Sechzehntel-Passage ist wie eine Maus, die in ihr Mauseloch huscht. Die Stelle hier klingt, als ob man auf dünnem Eis läuft, und hier brechen wir plötzlich ein ...

Natürlich gibt es unzählige mögliche Bilder und Szenen, aber es ist hilfreich, sich bereits vor der Unterrichtsstunde etwas zu überlegen. Wenn wir während der Stunde auf eine Eingebung warten, kommt vielleicht keine – unsere Phantasie und unser Verstand sind vielleicht gerade anderweitig beschäftigt.

Verbindungen herstellen

In diesem Abschnitt schlage ich einige Methoden vor, wie wir Stücke, die wir unterrichten, üben können. Vielleicht nehmen Sie sich ein Stück pro Woche vor – die Ideen und Gedanken, die uns dabei kommen, werden sich unbewusst auch auf andere Stücke, die wir lehren, übertragen. Sie müssen auch nicht jedes Stück, das Sie unterrichten, auf diese Weise üben!

Wenn Sie ein Stück üben, durchdenken Sie *alle* seine Bestandteile – es sind die wesentlichen Bausteine einer pro-aktiven und engagierten Unterrichtsstunde. Wie können wir Verbindungen zwischen ihnen herstellen? Welche Verbindungen bieten sich ganz besonders an? Welche Elemente passen gut zusammen und könnten sich für interessante Aufwärmübungen eignen? Ist vielleicht noch Zeit, um eigens für den Schüler eine personalisierte kleine Übung zu schreiben? (Schüler lieben das. Und die Mühe, die Sie dabei hatten, wird durch ihre Begeisterung mit Sicherheit mehr als entschädigt.) Auf welche Elemente muss sich der betreffende Schüler besonders konzentrieren? Mit welchen könnte man gut eine Improvisation gestalten?

Sehen Sie sich die *technischen Anforderungen* an und üben Sie sie so, wie Ihre Schüler das machen würden. Welche Probleme könnten ihnen begegnen? Warum könnten sie Schwierigkeiten damit haben? Berücksichtigen Sie auch die Größe und Muskelkraft Ihrer Schüler. Denken Sie sich vielleicht einige hilfreiche Übungen aus.

Befassen Sie sich mit den Theorie-Elementen. Vielleicht fußt das Stück auf einem bestimmten Intervall: Wie könnte man Improvisationen aufbauen, die ein sichereres Gefühl für dieses Intervall vermitteln? Gibt es Modulationen? Welche guten Metaphern oder Bilder können wir finden, um einem jungen Schüler Modulation verständlich zu erklären?

Zu den aufschlussreichsten Entdeckungen, die solches Üben hervorbringen kann, gehört es, *Schwierigkeiten* in einem Stück zu identifizieren, die den musikalischen oder technischen Fluss behindern könnten. Wenn wir ein Stück viele Male unterrichten, *ohne es je selbst zu spielen* (oder ohne es kürzlich gespielt zu haben), können subtilere Problemstellen leicht unbemerkt bleiben. Es kann passieren, dass wir sogar in ganz einfachen Stücken eine hinterhältig schwierige Stelle übersehen. Zu üben ermöglicht uns hier, verständnisvoller zu sein!

Wessen Interpretation?

Eine andere Form der Vorbereitung habe ich bei Lehrern gesehen, die ihre Noten in unterschiedlicher Detailfülle mit Anmerkungen versehen – vom einfachen Übungsstück bis hin zu größeren Werken, die sie vielleicht mit ihren eigenen Lehrern oder Professoren einstudiert, oder die sie selbst erarbeitet haben. Oder sie haben in einem Meisterkurs andere Musiker mit bestimmten Stücken arbeiten sehen. Vielleicht haben sie auch Aufnahmen ihrer Lieblingsinterpreten gehört und versucht, sich zur Interpretation Notizen zu machen. Das ist ohne Zweifel sehr hilfreich: Solche Quellen können äußerst aufschlussreich, faszinierend und phantasieanregend sein. Und es ist sicherlich interessant, verschiedene Aufführungen zu vergleichen.

Auf entsprechende Notizen zurückzugreifen, kann also durchaus nützlich sein. Noch besser wäre es jedoch, sie nur im Hinterkopf zu haben. Wir sollten es nicht dazu kommen lassen, von all den Markierungen und Notizen abhängig zu sein. Es ist wichtig, stets einen offenen Geist zu bewahren – und solche Hinweise tendieren dazu, uns in die Einseitigkeit zu treiben. Wir sollten selbst bekannte Stücke stets so angehen, als würden wir sie ganz neu lernen (oder lehren). Andernfalls kann der Unterricht fad werden. Was wäre, wenn die geliebte Notenkopie verloren geht? Ich habe Brahms' Es-Dur-Klarinettensonate öfter gespielt und unterrichtet, als ich mich erinnern kann, und immer noch entdecke ich Neues an ihr. Abgesehen davon – warum sollte man jedem Schüler beibringen, es auf die gleiche Weise zu spielen? Wir müssen uns auf unsere eigene Intuition verlassen und auf sie bauen – je mehr wir das tun, desto mehr Früchte wird es tragen. Und wir müssen mit unseren Schülern das Gleiche tun. Es ist nicht notwendig, jede Nuance, jeden Fingersatz und jedes Detail in *ihre* Noten einzutragen. Tun wir es, sind es nicht mehr ihre Noten. Die Schüler sollten die *Freiheit* haben, ihre eigene Musikalität zu entwickeln. Andernfalls stecken sie in einer Art musikalischem Gefängnis.

Ein Übe-Menü für Lehrer

Abgesehen von dem eigentlichen Üben des Musikstückes gibt es auch noch andere Übungen, mit denen wir unsere virtuosen Lehrfähigkeiten verfeinern können:

- **Das Internet.** Es gibt viele Artikel, Blogs und Webseiten voller interessanter, stimulierender und aktueller Informationen, die alle frei verfügbar sind. Wenn Sie es nicht schon tun, nehmen Sie sich regelmäßig Zeit, einige Minuten das Internet zu durchforsten.

- **Musikhören im Internet.** Das geht leicht! Und es gibt so viel frei (und legal) Zugängliches. Früher bereiteten findige Lehrer für ihre Schüler Aufnahmen der Stücke auf Kassette oder CD zum Reinhören vor. Das ist heute viel einfacher. Wir brauchen sie nur auf passende Aufführungen auf YouTube oder anderen Online-Quellen hinzuweisen. (In der gesparten Zeit können Lehrer üben, Musik hören oder nachdenken!)

- **Über das Unterrichten nachdenken (und darüber reden).** Wir unterrichten – dann sollten wir auch darüber reflektieren und uns mit Gleichgesinnten austauschen. Unsere Gedanken und Ideen, Sorgen und Nöte mit anderen zu teilen, hat eine äußerst therapeutische Wirkung.
- Lesen, Kunstgalerien besuchen, Theater, Kino, etwas Neues kochen – die Liste ist endlos. Virtuose Lehrer müssen regelmäßig ihre Batterien wieder aufladen.

Praktisches

Auch aus praktischen Gründen ist es angebracht, einen hohen Energiepegel zu bewahren: Diejenigen Schüler, die am Ende eines Tages (oder einer Woche, eines Semesters, eines *Jahres*) zu uns kommen, sollten genauso guten Unterricht bekommen wie die ersten! Auch hier bietet das Internet gute Anregungen. Es gibt z.B. Seiten mit einer „Drei-Minuten-Gymnastik zum Energietanken für Vielbeschäftigte", mit Tipps, wie Sie Ihren Energiepegel konstant oben halten können, oder aber passende Snacks für Leute mit wenig Zeit. Sich mit diesen Dingen zu befassen, wird Ihnen und Ihren Schülern guttun.

12 Fortschritt

Fortschritte machen

Nach acht Jahren Flötenunterricht machen zwei Schüler eine Prüfung. Für jeden bietet die gewählte Prüfung genau die richtigen Anforderungen, genau zur richtigen Zeit. Beide fühlen sich wohl damit und haben stets ihr Bestes dafür gegeben. Der erste Schüler besteht Stufe 5 (und freut sich riesig darüber) und der andere Stufe 8 (und freut sich ebenso sehr). Wer hat mehr Fortschritte gemacht? Die Antwort ist einfach – beide haben gleich viel erreicht. Der eine mag von außen gesehen ein „höheres" Niveau erreicht haben, aber wichtiger ist, dass beide Schüler ihren eigenen Erfolg auf *ihrem* jeweiligen Niveau feiern konnten.

Wir sind alle verschieden. Was für den einen Stufe 5 (oder sogar Stufe 1) ist, ist für den anderen Stufe 8. Wir alle machen unterschiedlich große Fortschritte, auf unterschiedliche Art und Weise, und es ist sehr wichtig, das zu berücksichtigen. Fortschritt hat viele Gesichter..

Was bedeutet Fortschritt für Sie?

Ich frage das, weil unterschiedliche Menschen mit dem Begriff *Fortschritt* unterschiedliches verbinden. Lehrer, Schüler und Eltern können durchaus unterschiedliche Vorstellungen davon haben. Auch das Alter spielt dabei eine Rolle.

Dazu zwei interessante und grundlegende Fragen:

- Was bedeutet es, in der Musik gut zu sein?
- Was macht einen erfolgreichen Schüler aus?

Wenn wir, tief in unserem Innern, glauben, dass „gut in Musik sein" bedeutet, eine Beethoven-Sonate spielen zu können, wird das Einfluss darauf haben, was und wie wir unterrichten. Vielleicht wollen wir es nicht, aber es wird kaum zu verhindern sein. Vielleicht haben wir einen Schüler, von dem wir glauben, dass er – irgendwann – eine Beethoven-Sonate spielen können wird. Wir kümmern uns um diesen Schüler liebevoll und aufmerksam. Einen anderen unserer Schüler mögen wir gern, und er strengt sich sehr an, aber er wird nie in der Lage sein, eine Beethoven-Sonate zu spielen (vielleicht, weil er es gar nicht will, oder aus technischen Gründen). Auch um diesen Schüler kümmern wir uns natürlich gut, aber möglicherweise nicht ganz so intensiv wie um den ersten.

So kommen wir zu der zweiten Frage – der Definition eines erfolgreichen Schülers. Ist das ein Schüler, der regelmäßig Prüfungen besteht? Ein Schüler, der die Musik sehr liebt? Ein Schüler, der wie ein Profi vom Blatt spielen kann und sich dadurch eine

Menge Repertoire aneignet und ein dankbarer Kandidat für das Ensemble-Musizieren ist? Ein Schüler, aus dem ein professioneller Musiker wird?

Jeder Lehrer wird seine eigenen Antworten auf diese Fragen haben. Natürlich werden diese vermutlich weitgehend übereinstimmen, aber die kleinen Unterschiede beeinflussen unsere Arbeit doch in gewissem Ausmaß. Es ist wichtig, sich das bewusst zu machen. Wir werden dann weniger voreingenommen und allgemein sensibler mit den Bedürfnissen unserer Schüler umgehen und offener im Umgang mit der Frage, was Fortschritt heißen könnte.

Sehen wir uns einmal die verschiedenen Arten an, wie Schüler Fortschritte machen können. Während Sie davon lesen, überlegen Sie einmal, ob Sie Schüler haben oder hatten, die in diese Kategorien fallen.

Fortschritt kann **linear** verlaufen (das englische Wort für Fortschritt, *progress*, kommt vom lateinischen *progredi*, sich vorwärts bewegen). In dieser Unterrichtsstunde haben wir alle Übungen der Stufe 1 bewältigt, in der nächsten Stunde folgt Stufe 2 usw.: also Fortschritt im Sinne des Erwerbs von Fähigkeiten, Informationen oder Wissen; er erfolgt durch eine Vermehrung des Verständnisses (von sehr klein bis signifikant). Es ist äußerst wichtig, immer nach solchen Fortschritten zu suchen und sie anzuerkennen.

Lehrer sehen *Technik* oft als die Hauptstoßrichtung für Fortschritt. Man muss sich aber vor Augen halten, dass Technik nur ein Aspekt von vielen ist. In diesem Zusammenhang bedeutet linearer Fortschritt ein kontinuierlicher Anstieg auf einer Skala hin zum Idealzustand. Das betrifft zum Beispiel Klangqualität, Zungenstoßtechnik, Intonation, Rhythmusgefühl, die Entwicklung eines Gefühls für den Ausdruck, Selbstvertrauen und so weiter. Diese Art Fortschritt wird gemeinhin gemessen, indem Schüler in regelmäßigen oder unregelmäßigen Abständen mit vorgegebenen Kriterien verglichen werden, zum Beispiel bei Prüfungen.

Fortschritt kann auch **lateral** (oder organisch) verlaufen: Stufe 1 in dieser Stunde und eine Festigung des Gelernten auf derselben Stufe in der nächsten (und so vielen weiteren, wie Sie mögen).

Fortschritt kann **unmittelbar** sein. Das sind jene wundervollen „Heureka!"-Momente, die man erlebt, wenn zwei Dinge aufeinandertreffen und plötzlich das Verständnis einsetzt. Das gibt es auf jedem Niveau.

Unabhängigkeit kann ebenfalls Fortschritt bedeuten. Von „Ich kann es, wenn jemand dabei ist" bis zu „Jetzt kann ich es auch alleine."

Fortschritt kann in **zunehmender Freude** liegen: Schüler zeigen höhere Konzentration, sind fokussierter und aufmerksamer.

Teilen kann ein Fortschritt sein: Zwei oder mehr Personen (darunter der Lehrer) nehmen an einer Unterrichtsstunde teil und lassen sich gegenseitig immer mehr vom Enthusiasmus des jeweils anderen anstecken.

Und Fortschritt kann **erhebend** sein: Ein Schüler kommt beseelt lächelnd aus der Stunde. Er hat vielleicht nur ganz wenig gelernt, aber er mag Musik jetzt noch ein klein wenig mehr als vorher.

Allen gemeinsam ist, dass, sobald der Fortschritt einsetzt, eine deutliche positive Reaktion erfolgt. Es hat ein gewisser Grad an positiver Veränderung oder Bewegung im Vergleich zum Ausgangspunkt stattgefunden. Der Fortschritt kann subtil oder sehr deutlich sein, permanent oder temporär. Auch die Zeitskala kann von Schüler zu Schüler sehr variieren. Aber es ist in jedem Fall ein Fortschritt, und der virtuose Lehrer wird ihn, wenn er eintritt, stets registrieren, auf ihn hinweisen und ihn großzügig (und auf angemessene Weise) loben.

Fortschritte zu machen – welcher Art auch immer – ist motivierend, es ist ermutigend und stimulierend. Deswegen ist es von großer Wichtigkeit, unser Gespür dafür (und das unserer Schüler) zu schärfen. Das erreichen wir, indem wir (und unsere Schüler) genau analysieren, inwieweit Fortschritte gemacht wurden, und die beste Art, das festzustellen ist, uns bestimmte Fragen zu stellen.

Fragen für die Schüler

- Was konnte ich zu Beginn der Stunde/Übephase und was habe ich an ihrem Ende anders/besser gemacht?
- Was verstehe ich jetzt, das ich vorher noch nicht verstanden hatte?
- Habe ich gearbeitet, so gut ich kann?
- Wie habe ich das Problem gelöst oder die Aufgabe geschafft?
- Würde ich etwas an der heutigen Unterrichtsstunde/Übe-Einheit anders machen wollen? Warum?

Vielleicht bereiten Sie einen kleinen Fragebogen für die Schüler vor, den sie gelegentlich (oder sogar nach jeder Stunde!) ausfüllen. Daraus kann sich sehr viel Wertvolles ergeben.

- Was ich gelernt habe
- Was ich leicht fand
- Was ich schwierig fand
- Habe ich mich gut konzentriert?
- Habe ich intensiv gearbeitet und hat die Stunde mir Spaß gemacht?

Fragen für den Lehrer

Persönliche Reflektion

- Habe ich effektiv unterrichtet und viele Verbindungen hergestellt?
- Bin ich bei meinem ursprünglichen Plan geblieben, und falls nicht, warum nicht?
- Haben meine Fragen interessante Antworten hervorgerufen?
- Habe ich etwas gelehrt oder nur Zeit totgeschlagen?
- Muss ich mein Tempo, meine Zielrichtung oder meinen Stil irgendwie verändern?
- Herrschte in der Stunde generell eine freudige, gut gelaunte und energetische Atmosphäre?

Wie kamen die Schüler zurecht?

- Waren sie gut gelaunt?
- Waren sie engagiert?
- Haben sie gute Fragen gestellt?
- Haben sie meine/ihre Erwartungen erfüllt?
- Haben sie meine/ihre Erwartungen übertroffen?
- Wie gut habe ich die Erwartungen erfüllt?

Was habe ich über meine Schüler gelernt?

- Habe ich irgendetwas Neues erfahren, das Änderungen im Lehrplan oder an meiner Strategie erfordern könnte?
- Wie könnte das in die nächsten Stunden eingebaut werden?

Reflektionen über das Lernen

- Was haben meine Schüler gelernt?
- War ihr Lernen effektiv und haben sie das Gelernte wirklich verstanden?
- Haben sie etwas Unerwartetes gelernt?

Der Abgang

Indizien für den gemachten Fortschritt können wir auch aus dem Verhalten der Schüler ziehen, wenn sie aus der Unterrichtsstunde gehen. Achten Sie auf Folgendes:

- Gehen sie voller Energie und mit Elan?
- Haben Sie das Gefühl, dass sie beim Abschied zum Üben motiviert sind, genau wissen, was sie wie tun sollen und ganz heiß darauf sind, endlich anfangen zu dürfen?

Und freuen Sie sich schon auf die nächste Stunde mit ihnen?

Ist Fortschritt gleich Zielerreichung?

Ziele zu erreichen ist normalerweise damit verbunden, Fortschritte gemacht zu haben, aber Fortschritt ergibt sich nicht immer daraus, Ziele erreicht zu haben. Wenn man auf unpassende Ziele hinarbeitet, kann das dazu führen, dass beim Unterrichten Abkürzungen genommen, Kurven geschnitten oder gar „geschummelt" wird. So etwas führt garantiert zu gewissen (womöglich sogar erheblichen) Beklemmungs- und Stress-Gefühlen. Eine Prüfung ist ein „Ziel". Wenn diese Prüfung zur rechten Zeit kommt, der Schüler darauf gut vorbereitet ist und Lust darauf hat, dann ist es absolut konstruktiv und eine bestärkende Erfahrung, dieses Ziel zu erreichen und die Prüfung zu bestehen. Trifft jedoch eher das Gegenteil zu (der Schüler besteht, aber nur gerade so eben), dann ist der gemachte Fortschritt eher fraglich. Wir sollten Prüfungen nicht dafür verwenden, Fortschritte künstlich vorzutäuschen. Die Schüler für eine Prüfung anzumelden, damit sie intensiv arbeiten und ihr Können auf das erforderliche Niveau bringen – anstatt umgekehrt die Prüfung anzusetzen, wenn sie so weit sind – ist eine sehr riskante Strategie. Jeder „Fortschritt", der auf diese Weise erzielt wird, bewegt sich auf sehr dünnem Eis, und die Erfahrung kann sehr leicht ins Zerstörerische umschlagen.

Aus der Sicht eines Kindes

Ich habe viele junge Musiker gefragt, was Fortschritt für sie bedeutet. Hier eine Auswahl ihrer Antworten, die sehr zum Nachdenken anregen ...

Schüler unter 10 Jahren:

- Besser werden
- Mehr Noten lernen
- Musik machen
- Ein Stück richtig gut spielen
- Gut damit werden
- Es ganz doll versuchen
- eine höhere Stufe erreichen

Schüler im Alter von 10 bis 12 Jahren:

- Besser werden, damit man mehr machen kann
- Neue Stücke lernen
- Schwierigere Stücke spielen
- Kontrolle haben
- Stücke zu Ende bringen
- Schneller spielen
- Sich anstrengen
- Etwas lernen
- Mehr Spaß haben als vorher
- Ich fühle mich gut dabei
- Mit den Fingern schneller sein
- In den Prüfungen gute Noten bekommen
- Neue Stücke gut vom Blatt lesen können
- Meine Tasche mit den Musiksachen zu jeder Stunde mitbringen
- Das Stück besser als letztes Mal können
- Ein Lehrbuch fertig haben und ein schwierigeres anfangen

Schüler im Alter von 14 bis 16 Jahren:

- Erfahrung sammeln
- Weitergehen zu schwierigeren Stücken
- Die Fähigkeit, Lieder schneller draufzuhaben
- Meine technischen Fähigkeiten verbessern und meine Nervosität überwinden
- Mehr und mehr Stücke lernen

- Neue Sachen lernen
- Prüfungen bestehen
- In ein gutes Orchester aufgenommen werden
- Eine neue Technik beherrschen
- Verstehen, was ich besser mache
- Selber neue Stücke ausprobieren

Ein abschließender Gedanke

Fortschritt ist zweifellos etwas Gutes, manifestiert sich aber auf verschiedenste Weisen. Diese Einsicht erlaubt es uns, wesentlich positiver auf die vielfältigen Entwicklungen unserer Schüler zu reagieren. Und die Schüler wiederum werden durch solche Anerkennung viel stärker motiviert sein.

13 Gruppenunterricht

Ich möchte an dieser Stelle nicht Dinge wiederholen, die ich in anderen Büchern[25] bereits besprochen habe. Dieses Kapitel befasst sich vor allem mit der Frage, wie man im Gruppenunterricht dafür sorgt, dass alle Schüler die Gelegenheit bekommen, ihre individuellen Fähigkeiten voll zu nutzen. Das ist die eigentliche zentrale Herausforderung für virtuose Gruppenlehrer.

Der virtuose Gruppenlehrer benötigt alle Qualitäten, die wir in Kapitel 3 benannt haben, aber zwei weitere werden ihm ganz besonders von Nutzen sein:

- Ein umfassender Fundus an erfindungsreichen Strategien, mit Schülern unterschiedlicher Fähigkeiten und mit jeder anderen Eventualität phantasievoll und produktiv umzugehen
- Gute Führungsqualitäten

Für den ersten Punkt wird oft das eher abschreckende Konzept der *Differenzierung* herangezogen. Wenn wir Differenzierung aber ganz praktisch betrachten – man muss eine Anzahl verschiedener Ideen parat haben und fähig sein, diese spontan und intuitiv anzuwenden – klingt das Ganze schon sehr viel zugänglicher.

Betrachten wir die drei Haupt-Prinzipien, die effektivem Gruppenunterricht zugrunde liegen:

1. Die Schüler sollten ständig beschäftigt sein

Eine erfolgreiche Gruppen-Unterrichtsstunde ist eine, in der alle Schüler kontinuierlich in Aktionen eingebunden sind. Aktionen können darin bestehen, Musik zu spielen, zuzuhören, zu antworten, nachzudenken oder möglicherweise anderen Mitgliedern der Gruppe zu helfen.

2. Die Unterschiede zwischen den Schülern sollten vorteilhaft genutzt werden

Alle Schüler unterscheiden sich, bis zu einem gewissen Grad, in ihren

- speziellen Fähigkeiten
- Interessen
- Lernstilen
- Lerngeschwindigkeiten
- Denkgeschwindigkeiten

25 Zum Gruppenunterricht vgl. *Group Music Teaching in Practice* sowie *Improve Your Teaching!* (Kapitel 8). In diesen Büchern finden Sie Anregungen dazu, Simultanes Lernen im Gruppenunterricht anzuwenden, Unterrichtsstunden und Prüfungen zu planen (für kleine oder große Gruppen), sowie Abhandlungen zu allgemeineren Themen und der Rolle des Gruppenunterrichts in der Ausbildung und Entwicklung junger Instrumentalisten und Sänger.

- Kenntnissen
- Motivationen – verschiedene Quellen und Levels

Statt zuzulassen, dass diese Unterschiede die Schüler trennen und dem Lehrer Kopfschmerzen verursachen, beziehen wir sie mit ein und nutzen sie dazu, viele verschiedene Lernarten in den Unterricht einzubauen. Die Schüler können zum Beispiel:

- ihre besonderen Stärken vorführen,
- an Gruppen-Improvisationen teilnehmen,
- eine Improvisation leiten, die an eine Phrase (oder mehrere) oder ein rhythmisches Motiv aus einem zu lernenden Stück angelehnt ist,
- eine Improvisation leiten, an der sie besonderes Interesse haben,
- einen technischen oder musikalischen Aspekt, den sie sehr gut verstanden haben, anderen aus der Gruppe erklären,
- einen kurzen Abschnitt der Stunde leiten dürfen, wobei der Lehrer zum Zuschauer wird und entweder still mithilft oder es dem Schüler überlässt, seinen Mitschülern Vorschläge zu machen,
- anderen Mitschülern bei etwas helfen, das sie selbst besonders gut können,
- auf Fragen antworten, wann sie wollen, nicht unbedingt sofort – vielleicht sogar erst in der nächsten Stunde („Woran erinnert Euch diese Phrase/dieses Stück? Was wäre das beste Tempo für dieses Stück?"),
- ein Schlüsselwort für die Stimmung des Stücks vorschlagen,
- ihre eigenen Ideen zum Stück entwickeln, indem sie sich vorstellen, was wohl in einer Film- oder Fernseh-Sequenz geschehen könnte, die von dieser Musik begleitet wird.

Es gibt noch einen anderen wichtigen Unterschied zwischen den Schülern: wie viel sie *üben*. Im Gruppenunterricht kann das ein ziemlich wichtiger Punkt sein. Wenn drei von vier Schülern üben, einer nicht, kann das problematisch werden. Wir können nicht zulassen, dass einer den Rest der Gruppe aufhält. Und auch wenn wir dank unseres Einfallsreichtums über eine beinahe unerschöpfliche Quelle an differenzierten Aktivitäten verfügen, kommen wir doch irgendwann an einen Punkt, wo nichts mehr geht. Was können wir tun?

- Wir können mit dem Schüler allein sprechen (was vielleicht schwierig ist, aber notwendig, da solche Probleme nicht vor anderen Schülern besprochen werden sollten) und ihn fragen, was das Problem ist und uns um eine bestmögliche Lösung bemühen: Vielleicht geht es um schlechtes Zeitmanagement, oder der Schüler weiß nicht genau, was er machen soll. Vielleicht versteht der Schüler noch nicht genug, und das hindert ihn am Üben. Bitten Sie ihn, nach jeder wöchentlichen Übe-Einheit zwei Gedanken aufzuschreiben:

Eine Sache, die mir Spaß gemacht hat:

Eine Sache, die ich schwierig fand:

Die Antworten können gut dazu dienen, eine Strategie auszuarbeiten.

- Vielleicht kann einer der anderen Schüler eine Art „Pate" sein, der beim Üben hilft und den Schüler dazu ermuntert. Regen Sie an, dass die Schüler sich zum Üben und zum Zusammenspielen in der Woche treffen, um zwischen den Unterrichtsstunden den Elan aufrechtzuerhalten.

- Belohnungssysteme können besonders junge Schüler erreichen, die gerne auf so eine Belohnung hinarbeiten (zum Beispiel ein besonderer Sticker dafür, fünfmal geübt zu haben).

- Übe-Hefte mit Platz für Eltern- und Lehrer-Feedback können die Mitarbeit und das Interesse der Eltern erheblich fördern.

Wenn das mangelhafte Üben andauert und die Situation für die anderen Mitglieder der Gruppe unhaltbar wird, dann ist vielleicht eine andere Gruppe für die Bedürfnisse dieses Schülers passender. Hilft das immer noch nicht, sollte man dem Schüler empfehlen, sich ein anderes Instrument zu suchen oder aber – absolut letzte Möglichkeit! – es ganz sein zu lassen.

3. Seien Sie sich der verschiedenen Arten von Fortschritt bewusst

und bleiben Sie in dieser Hinsicht unbedingt offen. Fortschritte zeigen sich auf unterschiedliche Arten (siehe Kapitel 12), und wir müssen allen gegenüber aufgeschlossen sein. Das gilt ganz besonders für Schüler, die besondere Förderung brauchen. Für solche Kinder mag der Fortschritt nur in ganz kleinen Schritten daherkommen – aber vielleicht ist Musik auch eines der ganz wenigen Gebiete, mit dem sie überhaupt ein echtes Erfolgserlebnis haben können. Individuelle Förderung für diese Kinder wäre sehr wünschenswert, wo immer es möglich ist – insbesondere, falls sie überlegen, aufzuhören.

Sind wir denn alle so verschieden?

Ein nachvollziehbares Problem der Differenzierung besteht darin, dass sie Lehrer manchmal dazu verleitet, die Unterschiede zwischen den Schülern sehr, bisweilen zu sehr, in den Vordergrund zu stellen und dabei die Tatsache beiseite zu schieben, dass sie ebenso viele Eigenschaften miteinander teilen. In der Tat haben Schüler sehr viel gemeinsam. Wir können diese Gemeinsamkeiten am Anfang der Unterrichtsstunde nutzen und immer wieder darauf zurückkommen. Bis zu einem gewissen Grad werden alle Schüler zum Beispiel:

- bestimmte Aspekte einer guten Haltung beherrschen,
- einen Klang mit einer gewissen Mindestqualität erzeugen,
- verschiedene Dynamik-Level kennen und in der Lage sein, sie kontrolliert einzusetzen,
- bestimmte Rhythmen kennen,
- in der Lage sein zu improvisieren,
- einen Puls empfinden und durchhalten können,
- bestimmte Noten kennen,

- ein wenig Noten lesen können,
- dasselbe Stück (oder zumindest Teile daraus) spielen können,
- den Wunsch haben, Musik zu lernen und ihr Instrument zu beherrschen.

Aus jedem der obigen Punkte lassen sich eine Menge Aktionen entwickeln. Simultanes Lernen ermöglicht die Entfaltung einer phantasievollen Stunde, zu der jedes Gruppenmitglied etwas Nennenswertes beiträgt, und beseitigt die meisten Probleme, die einem effektiven Gruppenunterricht im Wege stehen. Ein sorgfältiges Planen der Aktionen stellt sicher, dass alle Gruppenmitglieder immer etwas zu tun haben.

Im Folgenden einige Möglichkeiten und Wege, wie eine bestimmte Aktion (hier: einfach einen langen Ton spielen) entwickelt und genutzt werden kann, so dass die ganze Gruppe davon profitiert:

Wir arbeiten mit einer Gruppe von Holzbläsern, Blechbläsern oder Streichern (die im Kreis stehen). Die Stunde beginnt damit, dass alle einen Ton unisono spielen. (Die Elemente, die wie einführen, hängen alle mit dem Stück zusammen, das sie lernen.) Der Lehrer macht einen guten und dann einen schlechten Klang vor (und zwar einen extrem schlechten, zum Beispiel sehr schief, quietschend, abgehackt oder zitternd). Fragen Sie, warum das schlecht klingt – um das Bewusstsein dafür zu wecken, was einen guten Klang ausmacht. Danach könnte Folgendes passieren:

- Die Schüler spielen den Ton und zählen dabei (innerlich) einen regelmäßigen Taktschlag.
- Einige (vielleicht alle) können die Dynamik variieren.
- Der Reihe nach spielt jeder Schüler, und die anderen kommentieren den Klang.
- Weisen Sie auf bestimmte Eigenschaften jedes Schülers hin, als Vorbild für die anderen (Haltung, Gleichmäßigkeit des Tons, technische Ausführung usw.)
- Die Schüler spielen den Ton und hören ihn danach innerlich.
- Die Schüler spielen den Ton vier Schläge lang und hören ihn dann innerlich, ebenfalls für vier Schläge.
- Erklären Sie Viertelnoten – wie sie heißen, wie sie aussehen. Schreiben Sie vielleicht einige auf.
- Lassen Sie den Ton nahtlos von einem zum anderen weitergeben, zuerst mit offenen Augen, dann mit geschlossenen.
- Einige Schüler spielen den Ton in verschiedenen Oktaven (sofern bekannt).
- Lassen Sie verschiedene Töne zusammen spielen, so dass Akkorde entstehen. Klären Sie, ob diese dissonant oder harmonisch sind, Dur oder Moll, und so weiter.
- Hören Sie zu und kommentieren Sie die Intonation.
- Wiederholen Sie den Ton mit verschiedenen rhythmischen Motiven (die aus dem Stück stammen, das gerade gelernt wird).

- Spielen Sie, während ein Pulsschlag läuft, mit jedem Schüler zusammen einen anderen Rhythmus.
- Spielen Sie mit Elementen, die schon dran waren, „Frage und Antwort" (call and response), wobei verschiedene Schüler führen können.
- Die Schüler improvisieren einzeln, im Stil des zu lernenden Stücks, mit Tönen und Elementen, mit denen sie vertraut sind, über einem permanenten Grundton (oder der Tonika/Dominante), der von den anderen gespielt wird.

Aus dem einfachen Spielen eines einfachen langen Tons heraus sind alle Schüler in interessante musikalische Aktivitäten auf ihrem jeweiligen Niveau verwickelt worden, und die Stunde hat bereits Verbindungen hergestellt zwischen

- den Vier Ps (Positur, Puls, Palette, Persönlichkeit)
- Gehörbildung (einschließlich Internalisierung)
- Arbeit an der Technik
- Rhythmen
- Intonation
- Improvisation
- Theorie

Die „Kernaktivität"

Die auf den drei Säulen *Anweisung – Antwort – Feedback* beruhende „Kernaktivität" bleibt im Grunde genau dieselbe, wie in Kapitel 7 beschrieben. Nur müssen wir uns in diesem Fall absolut sicher sein, dass das, was wir von unseren Schülern verlangen, zu schaffen ist, oder, falls es eine Herausforderung ist, dass die Schüler dieser Herausforderung gewachsen sind, und zwar vom schwächsten bis zum stärksten Schüler. Außerdem müssen wir aufpassen, dass ein Schüler vor seinen Kameraden nicht dumm oder inkompetent dasteht. Womöglich lachen sie ihn aus, aber dahinter verbirgt sich meist Verlegenheit oder Ärger.

Wie beim Einzelunterricht müssen wir auch in einer Gruppensituation darauf achten, wie wir unser Lob einsetzen. Ich habe oft erlebt, dass es zu freigebig verteilt wurde. Loben Sie in angemessener Weise, wo es angebracht ist, aber vermeiden Sie Blanko-Lob – das verwirrt nur, besonders diejenigen, die nicht wirklich etwas geleistet haben. Wenn jede Aktivität nach Art des Simultanen Lernens sorgfältig vorbereitet wurde, sollte es nur wenig geben, das nicht lobenswert ist. Ich habe immer wieder erlebt, dass sich eine Situation entwickelt wie hier beschrieben:

Die Gruppe spielt „Frage und Antwort", darunter liegt ein einfacher Grundrhythmus, und die Lehrerin hat deutlich genug die musikalischen „Antworten", mit denen auf die „Frage" reagiert werden kann, vorgegeben (allerdings zu viele). Jeder Schüler antwortet auch, aber eher zufällig, nicht genau im Takt und ohne die Elemente der Frage wirklich aufzugreifen. Als das Spiel zu Ende ist, grinsen alle erfreut und zufrieden mit ihren Anstrengungen. Die Intuition der Lehrerin ist, „wunderbar", „gut gemacht" und „sehr gut" zu sagen – und das tut sie auch. Aber das ist kein wirklich effektives Feedback. Unter diesen Umständen hätte ihr Feedback vielleicht lauten können: „Das hat Spaß gemacht, mit Euren Antworten! Lasst es uns noch einmal machen, und nun versuchen wir mal, ob wir dabei genau im Rhythmus bleiben können. Ich gebe Euch ein Beispiel." Worauf die Lehrerin ein Beispiel vorspielt. Noch besser: Die ursprüngliche Anweisung hätte vielleicht weniger kompliziert sein müssen und nur mit einem einzigen Element spielen sollen. Vielleicht so:

- Antworte mit zwei gleichen Tönen Deiner Wahl im Takt;
- Dann mit vier Tönen – ein Ton auf jedem Schlag (oder vielleicht drei Töne und eine Pause);
- Und dann mit diesem Rhythmus, aber mit Tönen Deiner Wahl ...
- ...und so weiter.

Beobachtung ist wichtig

Immer wenn eine neue Technik oder ein musikalischer Aspekt von den Schülern ausprobiert wird, ist es wichtig, sie dabei genau zu beobachten. Ich habe im Gruppenunterricht oft Schüler gesehen, die die Aufgabe nicht schafften, und der Lehrer bemerkte es nicht. Diese fehlenden Glieder in der Lern- bzw. Verständniskette können weitere Fortschritte ernsthaft behindern. Gelegentlich kann ein bestimmter Schüler auch besondere Hilfe benötigen. Vielleicht kann ihm dann ein anderer Schüler etwas zeigen, oder der Lehrer nimmt ihn ein, zwei Minuten beiseite. In der Zeit könnten die anderen Schüler beispielsweise über bestimmte Elemente improvisieren, etwas in ihre Notizbücher schreiben, einige Rhythmen klatschen, einen technischen Aspekt ausprobieren, oder still einige Noten studieren. Obwohl es ein wenig Extrazeit benötigt, ist es wichtig, solche Schwierigkeiten so schnell wie möglich zu beseitigen.

Vergleiche anstellen

In der Gruppenunterrichts-Situation können Sie ohne Weiteres den Schülern gestatten (sogar sie ermuntern), bestimmte Aspekte am Spiel der anderen zu beurteilen. „Wie war Tims Bogenführung im Vergleich zu Toms? War Toms *forte* lauter als Tims?" Wir vergleichen nicht Tom und Tim, lediglich ihre Bogenführung oder Dynamik-Kontrolle. Die Schüler nehmen die Kritik ihrer Mitschüler gerne an, wenn sie positiv und nicht persönlich formuliert ist und möglichst noch ergänzt wird durch eine Demonstration dessen, was gemeint ist. Es ist aber wichtig, dies diplomatisch zu steuern, zum Beispiel dadurch, dass die Schüler gebeten werden, zuerst mindestens eine positive Bemerkung zu machen, bevor ein anderes Gruppenmitglied darauf eingeht, wie man „Tims Spiel noch weiter verbessern könnte".

Ensemblearbeit

Gelegentlich möchten wir mit den Schülern vielleicht ein Stück für eine Gruppenaufführung erarbeiten, etwa für ein Konzert. Wieder findet zunächst vorbereitende Arbeit mit den Elementen des Stücks statt. Das kann eine oder zwei Stunden in Anspruch nehmen, bevor wir die Noten einführen. Sie haben das Stück sorgfältig ausgewählt, auch im Hinblick auf die Möglichkeiten der Differenzierung. Wenn Sie jedoch eine Gruppe haben, in der alle Schüler in der Lage sind, jeden Part zu spielen, sollten Sie die Einteilung der Stimmen nicht gleich vornehmen, sondern zunächst alle Schüler alles lernen lassen, damit sie erfahren, wie alles zusammenhängt. Die Schüler könnten dann wählen, welchen Part sie gerne spielen möchten – und sind so stärker am musikalischen Geschehen beteiligt. Ensemblespiel schult auch noch weitere Aspekte des Musizierens: Einander zusehen und aufeinander hören, fühlen, mitdenken und zusammenspielen. Mit etwas Phantasie werden uns alle möglichen spaßigen Aktionen einfallen, die diese Aspekte trainieren. Zum Beispiel:

- Geben Sie den Schülern unterschiedliche Töne eines Akkords (z.B. vom Anfangs- oder Schlussakkord) zu spielen.
- Der Reihe nach darf jeder einmal den Einsatz geben für das Zusammenspiel dieses Akkords.
- Versuchen Sie dann einen „Gruppeneinsatz" – keine bestimmte Person gibt den Einsatz, sondern es geschieht gemeinsam.
- Dann wird der Akkord gemeinsam mit geschlossenen Augen gespielt ... das Resultat kann verblüffend sein.

Vorbereitung

Sorgfältige Planung ist für den Gruppenunterricht von entscheidender Bedeutung. Die Unterrichtsstunden werden sich mit größerer Wahrscheinlichkeit auf *allgemeine Aktivitäten* oder *Lernziele* konzentrieren (zum Beispiel die Erarbeitung und Entwicklung bestimmter Dynamik-Stufen oder einer bestimmten Tonart), oder aber auf die Entwicklung bestimmter Techniken (wie etwa Artikulation oder Lagenwechsel). Die Inhalte werden meist stärker von Projekten geprägt als beim Einzelunterricht, der eher vom Repertoire bestimmt wird. Beispiele für solche Projekte sind: Uhren und Metronome (für die Entwicklung des Pulses); das Kennenlernen von Rhythmen und Musik eines bestimmten Landes (spanische oder schottische Musik beispielsweise); Musik, die eine Geschichte erzählt; Barockmusik ... Es gibt endlos viele Möglichkeiten. Mit den zum Projekt passenden Elementen können wir relativ einfach in eine typische Simultanlern-Stunde einsteigen.

Auch auf anderen Gebieten wird eine gute Planung den Weg zu einer zielgerichteten mit positiver Energie angefüllten Unterrichtsstunde ebnen. Richten Sie den Unterrichtsraum mit Bedacht so ein, dass Sie alle Schüler gut im Blick haben können. Stehen Sie nicht hinter ihren Schülern. Wenn Notenständer gebraucht werden, benutzen Sie so wenige wie möglich, um ein Chaos zu vermeiden.

Erwartungen an den Gruppenunterricht

Obwohl viele Charakteristika des Einzelunterrichts ebenso für den Gruppenunterricht gelten (als Grundlage die Vier Ps und die Fünf Prinzipien für das Umfeld[26], ferner die allgemeinen Regeln für die „Kernaktivität" sowie für das Fragen stellen, die Erwartungen und das Üben), werden wir feststellen, dass eine leicht veränderte Einstellung

26 Siehe Seite 12.

unsererseits hier mehr Aussicht auf Erfolg hat. Im Folgenden einige Prinzipien, die speziell für einen effektiven Gruppenunterricht gelten:

- Wir müssen gut vorbereitet sein und eine klare Vorstellung davon haben, wohin die Unterrichtsstunde gehen soll. Die Schülerantworten können aber durchaus der Stunde eine andere Richtung geben!
- Wir müssen während jeder Aktion sehr genau auf diese Antworten achten und bereit sein, einige (womöglich viele) Änderungen an unserem „Plan“ vorzunehmen, besonders, wenn die Schüler unkonzentriert oder unruhig werden. Wenn bestimmte Ideen nicht funktioniert haben, müssen wir sie im Nachhinein genau analysieren, bevor wir sie erneut anwenden.
- Wir müssen im Blick haben, wie die Schüler aufeinander reagieren und ob in der Gruppe „die Chemie stimmt“ – führen Sie unter Umständen ein Gespräch mit einzelnen Schülern, wenn es unterschwellige Probleme zu geben scheint.
- Wir müssen sicherstellen, dass unsere Anweisungen von allen verstanden wurden, und dass, wo nötig, jedwede zusätzliche Unterstützung gegeben wurde.
- Wir müssen uns darüber im Klaren sein, dass wahrscheinlich eher lateraler Fortschritt die Regel ist: Stufe 1 dieses Mal, mehr davon zur Bestärkung in den nächsten Stunden – und nicht Stufe 1 dieses Mal und Stufe 2 in der darauf folgenden Stunde. Stufe 2 wird schon noch erreicht werden, braucht aber vielleicht Zeit und sehr viel Simultane Lernaktivität.

Gruppenunterricht ist im besten Fall eine sehr stimulierende und lohnende Art zu unterrichten, und die Schüler werden es besonders mögen, von und mit anderen zu lernen. Der virtuose Lehrer wird sich allerdings intensiv vorbereiten müssen, um dafür zu sorgen, dass die Schüler stets Freude daran haben und motiviert bleiben, in ihrer musikalischen Entwicklung voranzuschreiten.

14 Auf höchstem Niveau

Als virtuose Lehrer bereiten wir unsere Schüler öfter auf Meisterkurse, Wettbewerbe oder Festivals mit Wettbewerbscharakter vor. Gelegentlich befinden wir uns vielleicht auch auf der anderen Seite – wir geben selbst einen Meisterkurs oder sind Juror in einem Wettbewerb. Oder wir bereiten Schüler darauf vor, ebenfalls eine professionelle Laufbahn einzuschlagen.

In vielerlei Hinsicht kann alles, was wir in diesem Buch besprochen haben, auch auf diese besonderen Aufgaben angewandt werden. Natürlich sind für solche Tätigkeiten auf höchstem Niveau noch weitere Anpassungen und Feinabstimmungen, breitere Kenntnisse und genauere gedankliche Vorbereitung nötig. Mit den damit verbundenen allgemeinen Fragen befassen wir uns in diesem Kapitel.

Die meisten grundlegenden Unterrichtsprozesse bleiben so gut wie unverändert, egal ob wir Anfänger unterrichten oder Musikstudenten in ihrem Abschlussjahr. Aber natürlich sind die Substanz einer Unterrichtsstunde und ihr Anspruch bei fortgeschrittenen Schülern ganz anders. Unsere eigenen Kenntnisse und unsere Fähigkeit, Technik zu vermitteln, müssen höchsten Ansprüchen genügen. Wir benötigen umfassendes Wissen über die psychologischen, physiologischen und philosophischen Aspekte eines Vorspiels, und wir müssen den Schülern helfen können, ihre musikalische Interpretation zu entwickeln, zu gestalten und zu perfektionieren. Wir benötigen umfassende und differenzierte Repertoirekenntnisse, und wenn wir mit angehenden Berufsmusikern arbeiten, auch ein gründliches und praxisorientiertes Wissen darüber, wie man in diesem Beruf zurechtkommt, damit man gut davon leben kann. Einiges davon haben wir uns aufgrund unserer Erfahrung von selbst angeeignet, aber darüber hinaus ist es hilfreich, möglichst viel grundlegende Literatur zu lesen – angefangen mit den „alten Meistern" (z.B. C. P. E. Bach, Quantz und Leopold Mozart) bis hin zu aktuellen Büchern, Zeitschriften und Artikeln. Über allem steht das Ziel, Musiker hervorzubringen, die in der Lage sind, eine lange, erfolgreiche und erfüllende Karriere zu verfolgen. Leider gibt es viele unglückliche Musiker – professionelle Künstler ebenso wie Lehrer. Wir müssen alles tun, unseren Schüler ein solides Fundament und beste Chancen mitzugeben, damit ihnen eine solche Erfahrung erspart bleibt.

Es gibt noch etwas anderes zu bedenken – ein etwas heikles Thema, aber äußerst wichtig. Es hat mit unserer persönlichen Integrität zu tun und damit, wie wir mit hochmotivierten und hochtalentierten Schülern umgehen, die wir unterrichten und mit denen wir arbeiten. Ich habe Fälle erlebt (und von anderen gehört), in denen Lehrer, vielleicht unbewusst oder unabsichtlich, bei ihren Schülern psychische Schäden verursacht haben. In solchen Fällen ist meist das Ego des Lehrers das Kernproblem: Lehrer halten sich für überlegen und demütigen ihre Schüler regelmäßig, mit Sarkasmus oder beißender Kritik, die ihre Schüler sehr trifft und manchmal schwer erschüttert. So ein Verhalten kann von der Angst herrühren, dass ein Schüler besser sein könnte als sie selbst – oder es wirklich ist. Das ist eine Situation, über die man sich Gedanken machen sollte: Was tun Sie, wenn Ihr Schüler (potenziell) talentierter ist als Sie? In Gegenwart von (zuweilen eingebildeten oder übermäßig selbstbewussten) Hochleistungsschülern müssen viele Lehrer darauf achten, dass ihr eigenes Selbstbewusstsein intakt bleibt. Mangelnde Großherzigkeit oder Unfreundlichkeit gegenüber solchen Schülern ist keine gute Art, damit umzugehen. Schlimmer noch ist es, die Schüler bloßzustellen oder schlecht zu machen. Man muss sich immer vergegenwärtigen, dass Schüler, nur weil sie sehr gut sind, noch lange nicht scharfe Kritik ertragen können. Der Keim für eine unerfüllte Karriere wird bisweilen in einem kleinlichen und engstirnigen Unterricht gesät.

Positiv denkende Lehrer werden sich hingegen an den Erfolgen und Leistungen ihrer Schüler erfreuen können, ohne sich davon bedroht zu fühlen. Solche Schüler brauchen einen Vertrauten, einen musikalischen Freund, der spürt, was sie erreichen wollen, und ihnen dabei zu helfen versucht; jemanden, der beurteilt, ob das, was sie tun, konsistent und sinnvoll ist, der ihnen beibringt, beim Spielen oder Singen sehr genau in sich hineinzuhorchen, und der ihnen hilft, ihren eigenen Stil zu entwickeln anstatt sich zu bemühen, den eines anderen zu kopieren.

Die Intention des Lehrers muss es immer sein, Vertrauen und Offenheit aufzubauen und die Schüler in ihrem Denken und Handeln einfühlsam an Neues heranzuführen. Sollte ein Schüler nicht intensiv oder sorgfältig genug arbeiten (und damit seine potenzielle Karriere gefährden), dann müssen wir ihn selbstverständlich so deutlich wie nötig darauf hinweisen, dass eine solche Haltung nicht zum Erfolg führen wird.

Betrachten wir einige konkrete Prinzipien, die eine Arbeit auf diesem Niveau unterstützen.

Die fünf Grundprinzipien

Das erste und vielleicht wichtigste Prinzip ist, sich *in die Schüler einfühlen zu können*, ihre wirklichen Stärken und Schwächen zu verstehen, zu erkennen und zu berücksichtigen, was sie können und was nicht, und warum sie das können oder nicht sowie zu wissen, was ihnen am meisten dabei hilft, tiefer in das aktive Musizieren vorzudringen. In Meisterkursen und Prüfungssituationen muss das sozusagen auf Anhieb gelingen, und jeder Verbesserungsvorschlag sollte mit größtmöglicher Sensibilität erfolgen. Für die meisten Schüler, ob im privaten oder öffentlichen Unterricht einer Meisterklasse, gilt, dass sie Verbesserungsvorschläge oder Ratschläge eher befolgen werden, wenn ihr Selbstwertgefühl dabei nicht angetastet wird.

Das zweite Prinzip ist, immer *etwas Interessantes, Informatives, Relevantes, Aufschlussreiches und gelegentlich Inspirierendes zu sagen* zu haben. Ich habe in einigen Meisterkursen, Prüfungen oder auch Privatstunden auf höchstem Niveau gesessen, die völlig banal waren, weil die Lehrer nicht mehr taten als nur ein paar Vorschläge zum Vortrag zu machen. Spiel das ein bisschen lauter / leiser / schneller / langsamer. Phrasiere das mal so. Verwende diesen Fingersatz. Benutze weniger Pedal. Wenn solche Kommentare gemacht werden, müssen sie überzeugend und passend begründet werden. Zuweilen kann eine derart simple Korrektur ein Volltreffer sein, aber im Allgemeinen ist auf diesem Niveau mehr als das gefordert.

Manche Lehrer gehen auf diesem hohen Niveau fast nur nach dem Motto vor „Ich spiele das *so*, und meine Aufgabe hier ist, Dir beizubringen, es möglichst genau wie ich zu spielen." Bei einigen mag das funktionieren (Bartók hat so „unterrichtet"), aber die meisten Schüler brauchen schon mehr als das, wenn sie tiefergehende Einsichten zum Vortrag und zur Aufführungspraxis mitnehmen wollen. In angemessener Weise etwas vorzuführen, kann natürlich sehr inspirierend sein, es darf aber nicht in Angeberei ausarten.

Der Lehrer muss technisches und musikalisches Denken anstoßen; er muss die Phantasie anregen und die Schüler dadurch zu neuen Ufern führen; er muss den Charakter der Musik genauso wie die Natur des Lernens hinterfragen und die großen Zusammenhänge sichtbar machen.

Das dritte Prinzip ist, dass *Kommunikation* äußerst wichtig ist. Lehrer und Schüler müssen dieselbe „Sprache" sprechen. Ob Unterricht, Meisterklasse oder Prüfungssituation, es gibt viele Möglichkeiten für Missverständnisse – eine falsche Einschätzung kann ein erhebliches Maß an Verunsicherung und Fehlinterpretation zur Folge haben. Die Schüler messen Wörtern, Ausdrücken und Körpersprache ihre eigenen Bedeutungen bei. Die Lehrer müssen sehr genau wissen, was sie sagen wollen und dann genau darauf achten, ob die beabsichtigte Aussage auch angekommen ist.

Vierter Punkt: *Angst einzujagen hat in keinem Unterricht eine Berechtigung*, weder in privatem noch öffentlichem. Zu viele „Berühmtheiten" nutzen ihren Ruhm, um als Lehrer Angst zu verbreiten statt Begeisterung für das Werk, an dem sie arbeiten. Unterrichtsstunden sollten nicht in Tränen enden. Wenn andererseits ein Schüler Anzeichen von Arroganz, Faulheit oder einem ernsthaften Mangel an Selbstbewusstsein zeigt, dann müssen wir – mit Feingefühl – unbedingt versuchen, das zu ändern. Solche Einstellungen können selbstzerstörerisch sein.

Das letzte Prinzip ist, dass all diese Aktivitäten *unterhaltsam* sein müssen. Ich meine das nicht im Sinne von leichtfertig, komödiantisch oder oberflächlich. Eine Unterrichtsstunde, ein Wettbewerb oder ein Meisterkurs sind ernsthafte Angelegenheiten. Aber sie können dennoch in einer gewinnenden und ansprechenden Art und Weise durchgeführt werden. Gut angebrachter Humor spielt eine wichtige Rolle bei dem Bestreben, alle Beteiligten zusammenzubringen, und kann oft helfen, jegliches „Eis zu brechen", das möglicherweise den Weg erschweren würde.

Effektive Meisterkurse und Gruppen-Unterrichtsstunden

Liszt war einer der ersten Lehrer, der Meisterkurse gab. Er tat das, indem er eine Gruppe von Studenten unterrichtete und Ideen mit ihnen teilte, was ein Grundprinzip einer effektiven Meisterklasse ist: Das Auditorium als gleichberechtigt anzuerkennen und Wissen zu teilen. Manche Meisterklassen sind kaum mehr als öffentliche Unterrichtsstunden, Einzelstunden, bei denen das Auditorium aus passiven Zuhörern besteht. Was das „Meister"-Attribut betrifft, spielt es kaum eine Rolle, ob Publikum da ist oder nicht. Das kann bei einem guten Lehrer trotzdem eine sehr informative Stunde ergeben, aber es entspricht eben nicht dem Geist eines solchen Events.

Ein wirklich exzellenter Meisterklassen-Lehrer bezieht das Publikum ein, deren Mitglieder dann wesentlich mehr als nur sich-Notizen-machende Beobachter sind. Sie werden persönlich und emotional in die Veranstaltung hineingezogen und können deswegen auch wesentlich mehr aus ihr herausholen. Und umgekehrt gibt auch diese kollektive Energie dem Meister eine Menge zurück. Das heißt nicht, dass der Meister dem Publikum Fragen stellen oder es (körperlich oder gedanklich) an Aktionen teilnehmen lassen muss – obwohl das einige Meister tun. Ein erfahrener Meister nimmt den Kontakt einfach dadurch auf, dass er seine eigene Persönlichkeit frei und offen wirken lässt.

Eine gut dargebotene Meisterklasse ist sowohl inspirierend als auch motivierend – Musiker, die daran teilgenommen haben, werden, genauso wie die Musiker und Lehrer unter den Zuhörern, den heißen Wunsch verspüren, mit neuem Bewusstsein und großem Enthusiasmus und so schnell wie möglich wieder zu üben, zu unterrichten, zu musizieren. Alle Beteiligten gehen gestärkt daraus hervor, in ihren Überzeugungen, ihrer Arbeit und ihrem Eifer. So eine Erfahrung kann, in gewissem Umfang, das Leben erheblich bereichern.

Wenn man uns bittet, so einen Kurs zu geben und wir uns das zutrauen, versteht es sich von selbst, dass wir uns zuvor Gedanken machen und uns entsprechend vorbereiten. Und in diese Vorbereitung muss die *Art und Weise*, wie wir den Kurs abhalten, genauso einbezogen werden wie die Inhalte.

And the winner is ...

Als Juror an einem Wettbewerb mitzuwirken, folgt in vielerlei Hinsicht den oben genannten Gesetzmäßigkeiten. In einigen Wettbewerben wird von den Juroren erwartet, kurze Beurteilungen zu formulieren, ähnlich wie in einem Meisterkurs. Es gelten genau die gleichen Prinzipien. Aber ein effektiver und sensibler Juror muss noch mit einem weiteren Problem zurechtkommen – mit dem (oft) übermäßigen Stress und den hochkomplexen Emotionen, die solche Anlässe mit sich bringen. Der Ruf der Lehrer, deren Schüler daran teilnehmen, steht auf dem Spiel; oft trifft man Eltern an, die hohe Erwartungen haben und von Konkurrenzdenken geprägt sind, und die Musiker selbst wollen unbedingt ihren eigenen Ansprüchen und denen ihrer Lehrer und Eltern genügen. Es ist ein echtes Minenfeld, in dem Sie Sensibilität, Aufmerksamkeit und erhebliche diplomatische Fähigkeiten benötigen. Was die Wahl des Gewinners angeht, die ja nun mal zu Wettbewerben dazu gehört, wird sie von den meisten Teilnehmern akzeptiert, sofern sie klar begründet ist.

Das Unterrichten und Arbeiten auf hohem musikalischen Niveau erfordert in mancher Hinsicht einen virtuosen Umgang mit Menschen und sehr viel einschlägiges Wissen und Erfahrung, aber es hat doch viel mit dem Unterrichten auf jedem anderen Niveau gemeinsam: Einfach nur etwas mitteilen ist nicht unterrichten, die Vier Ps stehen weiterhin im Zentrum unserer Arbeit, und wir setzen Simultanes Lernen ein, anstatt Unterricht nur als Fehlersuche und Fehlerkorrektur zu begreifen.

Und übrigens: Großartige Musiker sind nicht automatisch großartige Lehrer.

15 In Bewegung bleiben

Die Welt da draußen ...

... dreht sich schneller als jemals zuvor. Werte und Überzeugungen ändern sich, und niemand nimmt mehr die Dinge ohne Begründung einfach hin. Als virtuose Lehrer müssen wir uns mitbewegen. Wir können uns nicht erlauben, stehenzubleiben.

Sich mitzubewegen bedeutet, stets auf dem Laufenden zu sein, und das können wir durch gelegentliche „Recherche" – zum Beispiel durch das Lesen einschlägiger Blogs oder Artikel im Internet oder in relevanten Zeitschriften. Wir können zwar nur einen Bruchteil dessen, was tatsächlich passiert, verfolgen, aber es kommt darauf an, zu wissen, *dass* etwas passiert.

Es gibt vier Gebiete, die wir im Auge behalten sollten. Das erste ist die **angewandte Psychologie**, weil sie uns mit psychologischen Erkenntnissen hilft, einige Aspekte und Probleme, die uns beim Unterrichten begegnen können, zu verstehen und damit umzugehen. Es ist ein Gebiet, das in den letzten zwanzig Jahren enorm gewachsen ist, und es gibt regelmäßige Konferenzen, Internet- oder Zeitschriften-Artikel sowie Bücher dazu sowie ganze Universitätsinstitute, die sich der Erforschung der Psychologie in der Musikerziehung widmen. Zu den zahlreichen Themen, die im Fokus stehen, zählen beispielsweise Untersuchungen, wie das Gehirn Tonhöhen, Rhythmen, Melodien und Harmonien verarbeitet, wie spezielle Fähigkeiten gelernt, weiterentwickelt und objektiv gemessen werden können, wie wir Musik auswendig lernen oder wie wir Experten im Improvisieren werden können. Virtuose Lehrer teilen das Interesse an diesen Forschungen, und die Ergebnisse sind heute relativ leicht zugänglich.

Das zweite Gebiet ist die **angewandte Physiologie**. Sie hilft uns, unser Wissen über die optimale Behandlung und den Einsatz des Körpers beim Musizieren zu vertiefen. Einige Aspekte dieses Forschungsgebietes sind sehr praxisrelevant: Sie befassen sich beispielsweise mit den physiologisch besten Aufwärmübungen oder mit der Frage, wie Sehnenentzündungen beim Üben vermieden werden können. Ein weiterer, noch recht junger Zweig der angewandten Physiologie untersucht zum Beispiel, wie wir verschiedene Gehirnzustände erreichen können, die unsere Kreativität erhöhen, oder wie sich die Augen beim Nachdenken bewegen.

Das dritte Gebiet ist der **technische Fortschritt**: Welche Rolle könnte das Internet beim Instrumental- oder Gesangsunterricht spielen? Werden wir früher oder später „online" unterrichten? Ich habe eine Meisterklasse erlebt, bei der der „Meister" Tausende von Kilometern entfernt war und die Ausführenden über eine Internetverbindung beobachtete und ihnen zuhörte. Ich habe viele Unterrichtsstunden erlebt, in denen die Lehrer einen Laptop, Tablet oder Smartphone als wichtiges Hilfsmittel eingesetzt haben. Ein besonders kreativer Lehrer hatte „Klangbilder" in verschiedenen Tonarten komponiert, die als Hintergrund für Tonleiterübungen dienten. Dadurch bekam jede

Tonleiter etwas Magisches – seine Schülerin war ganz hingerissen davon und spielte ihre Tonleitern äußerst konzentriert und mit Spaß an der Sache. Ein anderer Lehrer nutzte die Aufnahmefunktion auf seinem Smartphone für einen spontanen „Wettbewerb" zwischen zwei Schülern, die ihre Noten so lange wie möglich halten sollten. Täglich schießen neue Apps und andere Online-Quellen wie Pilze aus dem Boden.

Das vierte Gebiet ist der **globale Marktplatz** – die Möglichkeit und der Wunsch, Meinungen, Ansichten und Erfahrungen zu teilen. Es ist ein ernüchternder Gedanke, zu wissen, dass die Schüler, wenn sie wollen, der Welt direkt nach einer Unterrichtsstunde bereits alles darüber in irgendwelchen sozialen Netzwerken oder Foren mitteilen können.

Der Blick zurück und nach vorn

Selbstverständlich hat es immer schon großartige, enthusiastische und inspirierende Musiklehrer gegeben. Aber die Anzahl an jungen Musikern hat in den letzten circa fünfzig Jahren erheblich zugenommen, was dazu geführt hat, dass häufig auf wenig ideale Unterrichtsstrategien zurückgegriffen wurde. Zu viel wurde durch starre Lehrpläne von außen bestimmt und auf phantasielose und eher reaktive Unterrichtsmethoden beschränkt.

Wir müssen heute mehr als je zuvor den Unterricht als für jeden Schüler individuelle Maßnahme begreifen: *Du bist hier, als Individuum in Deiner Welt, wie sie ist; auf diese Art könnte ich Dir helfen, Deine musikalischen Ambitionen zu verwirklichen, und der Weg dahin sieht so aus.* Und das ganze Angebot sollte sehr viel pro-aktiver sein.

Der Blick nach innen

Wir müssen unseren Blick auch nach innen wenden, zu unseren grundlegenden persönlichen Ansichten, die unsere Arbeit prägen. Wie bei den vier Gebieten, die äußere Entwicklungen betreffen, gibt es auch hier vier Qualitäten, nach denen wir streben sollten.

Zunächst sollten wir nach *Weisheit* trachten. Wir müssen uns bemühen, das Beste aus unseren Kenntnissen herauszuholen, klug, aufmerksam und einfühlsam zu sein und uns von einem guten Urteilsvermögen und unseren Erkenntnissen leiten zu lassen. Wir sollten danach streben, ein immer tieferes Verständnis für Musik, ihre Bedeutung und ihre Vermittlung zu gewinnen. Wissen alleine reicht nicht.

Zweitens sollten wir uns um *Aufrichtigkeit und Integrität* bemühen: Aufrichtigkeit gegenüber uns selbst und unseren Werten; Aufrichtigkeit gegenüber unserer Motivation – unterrichten wir, weil wir das Beste für unsere Schüler wollen, für die Musik, oder aus einem anderen, weniger erhabenen Grund? Integrität, wenn es darum geht, Eltern und Schülern zu sagen, was wir für das Beste halten, anstatt einfach zu tun, was sie wollen. Und das erfordert auch ...

... *Mut*, die dritte Qualität, die wir benötigen. Mut zu Neuem; Mut zum Risiko; Mut, demütig zu sein; Mut, ins Unbekannte aufzubrechen; Mut, leidenschaftlich zu unterrichten; Mut, ehrlich zu sein. Zum Beispiel den Mut aufzubringen, eine Prüfung nur anzusetzen, wenn sie für den Schüler wirklich das Richtige ist (und nicht, weil es von den Eltern verlangt wird, oder weil es den Unterricht bequemer macht).

Zu guter Letzt sollten wir uns stets bemühen, *ohne Vorbehalte* zu unterrichten. Wir müssen uns um alle unsere Schüler intensiv kümmern, egal ob ihre Fähigkeiten lediglich bis Stufe 1 reichen oder sie Virtuosen-Status erreichen können. Wir dürfen nie vergessen, dass wir allen Schülern etwas geben können, und müssen in der Lage sein, uns an Anfängern ebenso zu erfreuen und sie ebenso angemessen unterrichten zu können wie Schüler mit phänomenalem Talent. Am elegantesten hat das der Mediziner *Hector Wells* ausgedrückt:

> „Was immer die Schüler anbieten, die Lehrer müssen es freudig akzeptieren. Wenn Sie ein Sträußchen aus Gräsern und Gänseblümchen nicht zu schätzen wissen, werden Sie wahrscheinlich nie ein Bukett bekommen. Wie viele Lehrer fordern Buketts ein, haben aber nicht verstanden, wie wichtig es ist, erst mal den Gänseblümchenstrauß dankbar anzunehmen? Und wie viele Lehrer können den Gänseblümchenstrauß mit echter, aufrichtiger Freude entgegennehmen, obwohl sie sich eigentlich ein Bukett wünschen?“

Ich hoffe, ich konnte Ihnen die Qualitäten und Bestrebungen eines virtuosen Lehrers auf nachvollziehbare und annehmbare Art nahebringen. Ich hoffe, Sie verspüren den Wunsch, ein virtuoser Lehrer zu sein, und sehen Ihre Rolle dabei genau wie die eines virtuosen Musikers. Und wenn sie zu Ende gelesen haben und das Buch aus der Hand legen, hoffe ich, dass Sie diesen Moment nicht als Ende, sondern als einen Anfang begreifen. Denn ein virtuoser *Lehrer* ist immer auch ein virtuoser *Schüler*, und das Lernen hört auch für einen virtuosen Lehrer nie auf.

Das Mindeste, das wir als virtuose Lehrer für unsere Schüler tun können, ist, ihnen zu zeigen, dass sie etwas ganz Besonderes erwartet, wenn sie bereit sind, etwas Zeit und Mühe zu investieren. Im besten Fall bereichern wir ihr Leben damit, dass wir ihnen das Selbstvertrauen und die Zuversicht vermitteln, die Welt der Musik selbstbewusst betreten zu können, auf welche Art auch immer sie das wollen. Es gibt kein größeres Ziel. Ich kann mir keinen besseren und lohnenderen Beruf vorstellen.